如果國寶會說話

第二季

《如果國寶會說話》節目組
編著

中華教育

目錄

序一

巍巍華夏，泱泱九州。中華民族 5000 多年的恢弘歷史創造了博大精深的中華文明，留下了燦若繁星的文物瑰寶。中國國家主席習近平強調，「讓收藏在博物館裏的文物、陳列在廣闊大地上的遺產、書寫在古籍裏的文字都活起來，讓中華文明同世界各國人民創造的豐富多彩的文明一道，為人類提供正確的精神指引和強大的精神動力」。中國國家文物局始終致力於中國文化遺產保護的生動實踐，為延續中華文脈、傳承中華文明，不斷加大文物保護力度、保障文化遺產安全、推進文物合理利用、深化文物對外交流合作。全國 76.7 萬處不可移動文物、1.08 億件 / 套國有館藏文物，歷久彌新、雋永多姿，成為新時代中國閃耀世界的金色名片。

紀錄片《如果國寶會說話》由中央宣傳部指導，中央廣播電視總台、中國國家文物局共同打造，用精巧的節目構思、精美的電視語言、精煉的講述手法為全球億萬觀眾展現中華文物的魅力。這些文物精品，有的歷盡滄桑，見證中華文化薪火相傳、代代守護的高貴品格；有的跋山涉水，記錄中華文明親仁善鄰、交流互鑒的高遠境界；有的底蘊深厚，積澱中國人民崇德尚善、自強不息的高尚情懷。過去，它們或曾束之高閣、塵封千年；如今，它們走進千家萬戶、涵養社會大眾。中國古語有云，「周雖舊邦，其命維新」。

今天，我們把《如果國寶會說話》的同名圖書奉獻給全世界熱愛文化、珍視文物、傳承文明的朋友。願中國文化與各國文化交相輝映，願古老文明與現代文明相得益彰，願華夏文物瑰寶與人類文明結晶永續傳承。期待並歡迎大家來到中國的文博單位，親眼見證中華文物的絢爛多彩，親身感受中華文明的源遠流長！

顧玉才

中國國家文物局

序二

中央廣播電視總台央視紀錄頻道，是中國唯一國家級專業紀錄片平台。近年來，紀錄頻道以「創新突破的表達、媒體融合的手段、國際頂級的影像」詮釋與傳播中華文明為宗旨，推出了一系列呈現中華文明風貌的高品質紀錄片。

中國存世的文物，在數量與質量上都是世界翹楚。文物雖靜默不語，卻蘊含着豐富的信息。如何從電視藝術、視覺呈現、信息組織與再傳播的角度，找到最適於文物本體，以及當下傳播特點的形式，讓文物「說話」，是我們一直以來思考的問題。《如果國寶會說話》正是在這一領域的重要實踐和探索。

《如果國寶會說話》是由中宣部、中央廣播電視總台、國家文物局共同實施的國家涵養工程百集紀錄片。該片選取在中華文明進程中具有標誌性作用的100件文物，以每件主文物一集、每集5分鐘的短小篇幅，集合起500分鐘的鴻篇巨制，從「文明進程指示物」的角度，重新解讀文物，以文物認識中華文明，從而起到「中華文明視頻索引」的作用。這不僅是全新的紀錄片形式，更是在全新傳播語境和手段上的創造性嘗試。

如果說紀錄片是從文物本體到影像的第一次轉化，那麼《如果國寶會說話》同名圖書，則是第二次轉化。這本書將帶領讀者實現上下八千年、縱橫兩萬里的文物縱覽，能對基於文物的中華文明建立印象，同時又能深入了解某件具體文物的信息。在這裏，大歷史與小文物有機融合，文物不再是孤立於博物館展櫃的「物品」，而是從歷史中走來的帶有氣息的文明信使，從而讓受眾更好地進入歷史情境，體認中華文明。

這本書的出版是「中華文明視頻索引」的階段性回顧。我們希望能與觀眾和讀者們一起，共同感受古老文明帶給我們的震撼與感動，探索索引之外更浩瀚豐富的中華文明的廣闊時空，從而對於我們身處的歷史時空有更明晰的認知和方向。

張寧

中央廣播電視總台

鷹頂金冠飾

你好，我的對手

鷹頂金冠飾

館藏：內蒙古博物院

質地：黃金

尺寸：高 6.7 厘米、直徑 16.5-16.8 厘米

重量：1211.7 克

年代：戰國

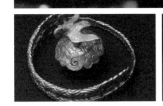

　　這頂金冠曾陪伴主人策馬草原。鷹頂金冠飾展現了戰國時期中國北方民族貴金屬工藝的最高水平，它代表着草原的榮光。

金冠最高處是一隻雄鷹，鷹的頭、頸、尾由金絲連接，當主人策馬飛馳，雄鷹也隨之震動，彷彿展翅欲飛。花瓣形金冠上鏨刻着四狼咬四羊的圖案，冠帶則雕刻着老虎與獵物的緊張對峙，獵殺彷彿一觸即發。

那時，草原上沒有文字，歷史便由他們的對手書寫。在中原文明的記錄中，匈奴曾被稱為「獫狁」，「獫」即長嘴狗的意思。他們貪婪殘暴，經常南下掠奪。然而，如果從草原之王的視角來看，世界很可能與中原的記錄不大相同。

「我頭戴金冠，身披金甲，草原就是我的帝國。」

「草原以南那羣種糧食的人，看上去好瘦。」

「我們草原的男人，吃肉，喝奶，都是戰士，但如果遭遇災年……欸？他們好像存了不少吃的！」

虎頭形銀飾件

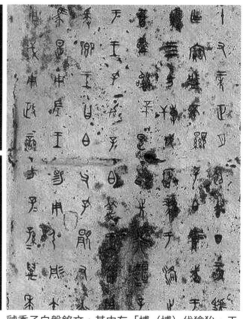

虢季子白盤銘文，其中有「搏（博）伐獫狁，于洛之陽」的記載。

遊牧的草原相對於農耕的中原，有着完全不同的生存意識。草原民族的飾物上，動物是永恆的主題。牠們在匍匐覓食，在互相咬鬥，在伺機而動。而鷹頂金冠飾更是以草原之王的威嚴，俯視着世間一切弱肉強食。

刺蝟形金飾件

虎形金飾片

虎咬牛金飾牌

鷹形金飾件

有一個強大而蠻橫的對手，究竟是幸還是不幸？戰國趙武靈王終於下決心放棄寬袍大袖，學習胡服騎射，一場場模仿者與被模仿者的對決由此開始。一直處於守勢的農耕文明，到秦漢終於建立起統一的帝國，也由此以舉國之力祭出終極防守大法——長城，它不僅是守衛邊疆的堡壘，當西漢國力強盛的時候，這裏又成為反擊匈奴的前哨。

但連綿的長城真的能阻斷人們的交往嗎？遊牧民族喜愛中原的絲綢和糧食，而中原的人們需要金屬和牲畜。長城兩側，且戰且和。直到東漢，南匈奴入塞，多年的對手最終合為一家。

今天，當我們看着鷹頂金冠飾，是否能想起當年那些風一般來去的影子？正是從戰國時代開始，在與一個又一個內外對手的對峙和融合中，在經歷一次又一次蛻變之後，中華文明強大的包容力逐漸被喚醒。

因為對手，我們審視自己；因為對手，我們了解自己；因為對手，我們變成更強大的自己。你好，我的對手。

王權的象徵

　　鷹頂金冠飾分為鷹形冠頂和金冠帶兩部分。冠頂是由厚金片錘打而成的半球體，邊緣呈花瓣狀。半球體上以浮雕手法飾有四組狼吃羊的圖案。狼作臥稜伏狀，四肢屈曲前伸，分佈於半球體的左右兩側；盤角羊的羊角後捲，捲曲處鏤空，前肢前伸，後半身被狼緊緊咬住，呈反轉姿態，後肢朝上，搭在狼的頸部，分佈於半球體的前後。

　　冠頂中央傲立一隻展翅雄鷹。鷹的頭頸用綠松石做成，中間用一圈帶花邊的金片隔開。鷹身由金片做成，中空，上有羽毛狀紋飾。鷹鼻處插入金絲，通過頸部與腹下相連，使得頭、頸可以左右搖動。尾部另做，用金絲與鷹體連接，可左右擺動。整個冠頂構成了雄鷹鳥瞰狼咬羊的畫面，彰顯草原之王的霸氣。

　　冠帶由三條半圓形金帶組合而成。冠帶前部有上下兩條，中間及末端均用榫卯相連。後面一條兩端有榫，與前面一條組合成圓形。三條金帶末端分別浮雕臥虎、臥羊、臥馬，中間部分為繩索紋。

　　這件金冠飾出土於鄂爾多斯高原上的內蒙古自治區杭錦旗阿魯柴登墓葬，墓中還同時發現了200多件金銀器。以這批金銀器的數量和精美程度來看，墓主絕不是普通牧民，應屬於匈奴貴族階層。而鷹頂金冠飾不僅代表着財富，更是權力的象徵，很可能是匈奴某一個部落單于的冠飾。阿魯柴登

地處毛烏素沙漠邊緣，雖然如今是茫茫沙海，但戰國時期這裏應是水草豐美的天然牧場，是匈奴活動的「河南地」。學者推測，這頂金冠的擁有者可能屬於戰國時期活動於此地的林胡或白羊匈奴部落其中的一支。

鷹頂金冠飾上多樣的動物形象，生動的捕食場景，被廣泛認為是對草原生活的真實反映。但有學者認為，它也表現了匈奴部落的聯盟狀況。鷹、羊、狼、虎等是不同部落的圖騰，金冠突出鷹的造型，表示匈奴形成了以鷹部落為主體，一統虎、狼、馬、羊部落的部落聯盟。

藝術的瑰寶

鷹頂金冠飾的紋樣將草原上的動物形象刻畫得生動逼真，既富有寫實性又各具特點。這種藝術風格與北方青銅文化關聯密切，呈現出與中原青銅器完全不同的面貌，展現了「鄂爾多斯式青銅器」裝飾藝術的獨特魅力。

「鄂爾多斯式青銅器」，又稱「綏遠式青銅器」「北方式青銅器」，指發現於我國北方，具有濃郁遊牧民族文化特徵的青銅器及金、銀製品。其特點是裝飾以動物造型為主，風格兼具寫實性與誇張性，每個動物的特徵，尤其是精神狀態都表現得很鮮明。金冠頂部的雄鷹軀體寫實，唯獨喙部用誇張的手法突出其尖利，以表現猛禽的兇猛。其他動物各部位的比例誇張，而細節刻畫十分細膩，如羊盤曲的巨角、虎猙獰的面孔。紋飾整體生動形象，是「鄂爾多斯式青銅器」藝術風格的傑出代表。

戰國晚期匈奴族的手工業生產，除了青銅製作和鐵器製造業外，金銀器工藝也相當發達。鷹頂金冠飾用奢華的黃金製作，工藝集鑄造、模壓、錘打、鏨刻、抽絲等先進技術於一身，應該是利用阿爾泰地區的金屬冶煉技術加工而成的。「阿爾泰」在蒙語中是「金山」的意思，該地區盛產黃金，金屬加工、冶煉技術特別發達。鷹頂金冠飾構思巧妙，紋飾精美，工藝精湛，帶有鮮明的遊牧民族特色，體現了匈奴人貴金屬工藝水平之嫻熟高超，代表了戰國時期我國北方金銀器製作工藝的最高水平。

多元文化交流的見證

　　這頂金冠的紋飾與阿爾泰地區的斯基泰文化風格比較接近。斯基泰人是出色的騎手和戰士，公元前 9 世紀至公元前 2 世紀活躍在歐亞草原上。斯基泰人同樣熱愛金器，他們用這種珍貴的原料來刻畫草原上的動物，並點綴綠松石、彩色玻璃等。這些草原動物姿勢富於動感，並將牠們最雄壯有力的部分誇張、放大，比如雄鹿的角，虎狼的爪和牙齒，這種紋飾被稱為「野獸紋」。鷹頂金冠上的動物紋飾造型和鑲嵌綠松石的裝飾風格，均與斯基泰文化出土的器物相似，可見其受到斯基泰文化的影響。

　　鷹頂金冠飾也是匈奴與中原文化交流的見證。草原民族認為雄鷹是藍天的霸主，是戰神的象徵。王國維在《胡服考》中論述：「胡服之冠，漢世謂之武弁……若插貂蟬及鶡尾，則出胡俗也」。《後漢書 • 輿服志下》也記載：「武冠，一曰武弁大冠，諸武官冠之，侍中、中常侍加黃金璫附蟬為文，貂尾為飾，謂之『趙惠文冠』」。可見，在趙武靈王推行「胡服騎射」之後，匈奴首領佩戴的裝飾有猛禽的「胡冠」也傳入中原。其後漢代武將所戴的鶡冠、趙惠文冠皆是源於草原文化的鳥冠。而這件鷹頂金冠飾是迄今所見的唯一的「胡冠」，其重要性可見一斑。

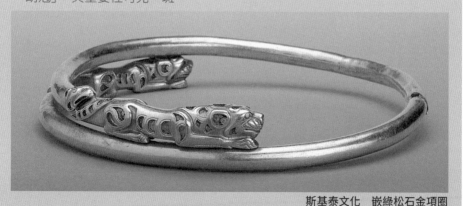

斯基泰文化　嵌綠松石金項圈

斯基泰文化　馬頭飾

斯基泰文化　金鹿飾

　　鷹頂金冠飾不僅象徵着中原對匈奴文化的吸納，也體現了匈奴與中原或西域諸國的交流往來。綠松石並非產自鄂爾多斯高原，其主要產地為中國湖北、陝西、河南等地及今伊朗，因此鷹的頭頸所用的綠松石可能是匈奴通過掠奪、交易等方式從中原或西域獲取而來。金冠是匈奴文化的代表，同時也是文明交流的產物。

　　匈奴與周邊地區雖是敵對的關係，但在經濟物資上相互依賴，在文化風俗上彼此影響。如今經歷千年風雨仍熠熠生輝的鷹頂金冠飾，講述的既是匈奴與各族爭雄的崢嶸歲月，也是各族文化交融互鑒、友好往來的光輝歷史。

（王雨夙）

戰國嵌錯宴樂攻戰紋銅壺

戰國春秋

嵌錯宴樂攻戰紋銅壺

館藏：四川博物院

質地：銅

尺寸：高 40.3 厘米、口徑 13.2 厘米

年代：戰國

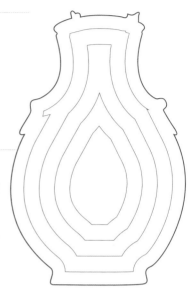

　　春秋戰國，一個風起雲湧的時代，中國歷史上思想飛揚的年代。幾百年間，羣雄並起，戰亂頻繁。而這之前的西周，一直處在禮樂高度發達的社會中。

　　壺身靜默，卻非無聲。壺身可度量，卻也無邊。這件銅壺用嵌錯法記錄了戰國時代貴族生活中的情境。頂與底有神獸環繞。

　　靜默的壺身上能聽見廝殺與吼叫，這裏是一個戰場。春秋時期的諸侯爭霸戰，到了戰國之後轉化為領土吞併戰。一場攻城略地的戰鬥，一方搭雲梯向上仰攻，一方在城牆上奮力堅守。守城方搭弓放箭、揮舞兵器，攻城方有人從城牆上摔下，有人已經身首異處。引人注目的是持械格鬥的畫面：一側一人手按着敵方的頭，一手用力高舉兵器欲砍；另一側已人頭落地，屍體橫臥。

　　水戰時激起的波瀾，是這個時代在時光之河裏發出的聲響。舟行如梭，船上武士各個精神抖擻，奮勇前進。雙層戰船犬牙般糾纏在一起，上層士兵用長柄兵器相互擊殺，下層水手奮力划槳，有的士兵跳船作戰，船尾還有人擊鼓以壯聲威。

宛如時光的速度，一念之間，就到了廳堂。戰爭之後，勝利者舉辦慶功的宴飲。客人們舉杯站立，向坐於廳堂之中的主人敬酒、祝福。周圍是敲鐘磬與吹奏的樂隊，鐘鳴鼎食，禮樂之邦。

戰爭時，弓箭是殺傷敵人的武器，和平時，則是社交生活的用具。早在周代，射箭便是貴族必須掌握的基礎教育「六藝」之一，「射禮」則是重要的社交禮儀。射箭者站在亭子裏，懸空張開布質的箭靶，賓主按照禮儀要求向箭靶射箭，旁邊有專人負責報靶，其他人在亭外圍觀。有時候他們也會練

習射獵天上的飛鳥。大家使用綁了細繩繳的箭射向鳥羣，一旦射中，就通過繩子將獵物捕獲，這叫「弋射」。弋射有準則，「弋不射宿」，即停息的鳥兒不射。

　　這裏有一片桑田。頂層沒有了戰爭的喧囂，人們安然地進行着習射，婦女們則在桑園裏採桑。盛放桑葉的籃子掛在樹上，採桑人爬到樹頂把桑葉摘下，放到籃子裏。中國是絲的故鄉，採桑也進入了禮制，演化為後來的親蠶禮。

　　此刻，壺中一滴酒也沒有，卻盛滿了一個令人迷醉的時代。征戰的厮殺與歡宴的音樂都隱匿不見，桑葉還在無聲地生長。兩千年的時光，是一片滄海，壺身上的桑田，茂密如初。

壺中的禮儀

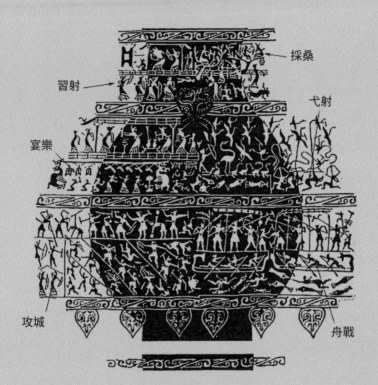

採桑

習射

弋射

宴樂

攻城

舟戰

　　1956 年，在成都市郊百花潭，一所中學在擴建校舍的時候，發現了一批戰國時期的土坑墓，其中一件銅壺最為精美，被稱為戰國嵌錯宴樂攻戰紋銅壺。該銅壺高 40 厘米，口徑 13.4 厘米，銅壺身有三條帶紋，分為四層。在銅壺上用錯金銀的方式描繪了精美的花紋，表現戰國時期的戰爭、宴樂、捕魚、狩獵等情況，不但是研究戰國時期人們生活的重要歷史資料，更反映了戰國時期的禮樂制度。

　　養蠶採桑是中國具有悠久歷史的行業。自殷商時期，人們已經利用蠶絲來製作精美的衣服，在商代和西周的墓葬也曾出土蠶形的玉器，反映養蠶與

人們的生活密不可分。陝西歷史博物館中所藏的漢代鎏金銅蠶是國家一級文物。銅蠶的體積與真正的蠶無異，全身一共九個腹節，仰頭做吐絲狀，製作精緻，形態生動。這說明早在西漢時期，蠶桑生產就已經非常常見，人們熟悉蠶的生理結構，才能製作出如此逼真的鎏金銅蠶。

在銅壺的最上層，可以看到一羣婦女在進行採桑活動，她們身穿長裙，有的手上提着籃子，有的以頭頂籃，有的伸手向樹採摘桑葉。採桑活動在先秦的畫像中石、磚時有出現，尤其在四川地區出土的畫像石多有桑樹和採桑的場面。

由於養蠶業對中國古代甚為重要，因此引申出養蠶採桑之禮儀。採桑既是一般的勞動，也象徵着禮儀制度。直至清代，皇后嬪妃親自採桑餵蠶的親蠶禮，仍是後宮重要的祭祀活動。進行親蠶禮之前，后妃們須提前齋戒，及至採桑當天，后妃們要親自採摘桑葉，作養蠶之用。

在銅壺上多次出現射箭的場面。在採桑圖案的旁邊，有男子拉弓射箭的場面。一般採桑圖與弓射圖的關係十分密切。有學者認為桑樹是製作弓箭的材料，所以採桑圖反映的是選材製作弓箭的場面。除了最上層的採桑圖側，銅壺的第二層也有射箭的場景。

據《周禮》記載，古人用射箭祭祀管理婚姻和生育之神——高禖。《禮記·月令》中說「天子親往，后妃帥九嬪御，乃禮天子所御。帶以弓，授以弓矢，於高禖之前」，記載了天子帶領后妃行弓箭之禮以求生育的過程。此外，《禮記·射義》還記載了當時男子出生之時會舉行出生禮，以桑樹製弓，以蓬草造箭，射向天空，象徵男兒志在四方。

《周禮》有所謂「禮、樂、射、御、書、數」六藝，射禮是其中之一。射禮在最初為考驗人們在射箭時的個人品德。戰國時期，各國征戰頻繁，箭術也成為人們特別關注的重點。在銅壺上，人們在亭子之內進行的「鄉射」

清代　郎世寧《孝賢純皇后親蠶圖》局部

便是其中一例。據《儀禮》所說，在鄉射這項活動中，射箭之人分上下兩射，上射於右，下射於左，靶心稱為「鵠」。

　　在銅壺第二層除了射箭，還有宴飲的畫面。周代至戰國，宴樂也有一定的規定。周代的人們相信音樂可以陶冶性情，達至社會和諧。《禮記·文王世子》記載：「樂，所以修內也；禮，所以修外也。」自此，禮和樂的關係就密不可分。

　　編鐘制度是禮樂制度很重要的一環。從銅壺上可以看到這裏的編鐘並不符合禮樂規格。《禮記》規定，天子、諸侯、卿、大夫、士等所使用的編鐘和編磬都有定數。卿、大夫應當在正堂的兩面擺放樂器，東面擺放磬，西面擺放鐘。然而，從戰國嵌錯宴樂攻戰紋銅壺上的圖案可見，鐘和磬是混合放置的，並沒有按制度排列，可能是反映戰國時代禮樂崩壞，貴族遵守周禮只表現在表面而已。

　　看過了採桑、禮射和宴飲，銅壺的第三層刻畫的是戰士奮力作戰的場面。戰國時期戰陣頻繁，國與國之間的攻戰常有出現。雖是兩軍對敵交戰，但雙方仍會守一定的禮儀，先禮後兵。這個銅壺所刻畫的畫面同時也是軍禮之體現。當時雙方高舉武器，士氣高昂。在圖上雙方士兵進行水戰，士兵高舉

旗幟，敲着戰鼓，以振奮之聲鼓勵軍心。戰國時期的軍旗又名為「旃」，「旃」上的紋飾可以辨別爵位等級。鼓聲也有一定禮制，古有「王執路鼓，諸侯執賁鼓，軍將執晉鼓」的說法，不同身份地位的人可以執掌的鼓也不同，即便是戰事危急，禮儀制度仍是人們相當重視的一環。

《禮記·曲禮》又稱「道德仁義，非禮不成，教訓正俗，非禮不備」。在這件銅壺上，我們不僅可以看到戰國時期人們生活的方方面面，更加可以了解到「禮」在戰國時期多麼重要。從古至今，中國守「禮」，以禮為教，以禮為道德仁義之根本。

（連泳欣）

曾侯乙編鐘

中國之聲

曾侯乙編鐘

館藏：湖北省博物館

質地：木、青銅

尺寸：長 748 厘米、高 265 厘米

年代：戰國

這是一段錄製於 1986 年的音頻，演奏樂器來自公元前 4 世紀。

1986 年曾侯乙編鐘音響記錄

採錄單位：湖北省博物館、中國唱片總公司

採錄時間：1986 年 3 月 29 日凌晨 2 時

　　　　　至 4 月 6 日晨 6 時整

室內溫度 18 攝氏度，再錄國產音叉，A 等於 440 赫茲。

曾侯乙編鐘是一種樂器，每件鐘均能奏出呈三度音階的雙音。全套編鐘共 65 件（含正中央的鎛鐘），分三層八組。全套鐘的最低音為下層一組第一鐘正鼓音，全套鐘的最高音為上層一組第一鐘側鼓音，全部甬鐘音域共跨五個八度。

除楚王所送的鎛鐘以外，64 件曾侯乙編鐘每件均標識有兩個不同的音名。

1986 年 4 月 6 日，晨 6 時整，全部採錄工作結束。

上層第一組，該組共有鈕鐘 6 件。

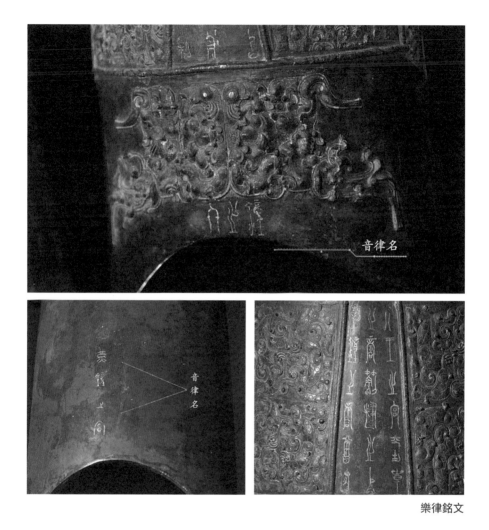

音律名

音律名

樂律銘文

　　曾侯乙墓發掘於 1978 年，墓主人名「乙」，是戰國時代曾國國君。曾國也就是史書上所記載的「隨國」，在今天的湖北省隨州市範圍內。

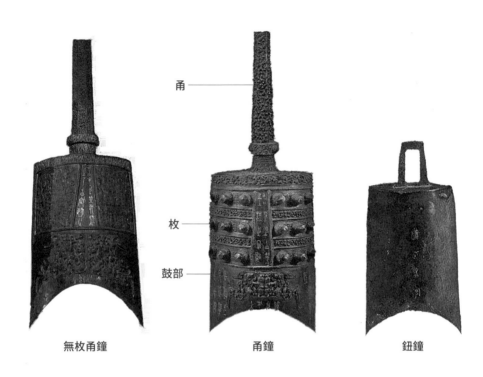

甬

枚

鼓部

無枚甬鐘　　　　　　　甬鐘　　　　　　　鈕鐘

中層第二組，該組共有無枚甬鐘 12 件。

集大成也者，金聲而玉振之也。——《孟子》

禮以節人，樂以發和。——《太史公自序》

興於詩，立於禮，成於樂。——《論語》

八音克諧，無相奪倫，神人以和。——《尚書》

1978 年—2018 年，曾侯乙編鐘發掘 40 週年，向考古工作者致敬。

曾侯乙編鐘發掘現場

中國之聲

　　音樂是憑藉聲波振動而存在的，它不可能描寫生活中的具體事物和場景，而是通過時間展開，以直接激發和呼喚我們的情緒、情感和意志的一門聲音藝術。

　　中國音樂有物證可查的歷史至少可以追溯到距今約 9000 年前。20 世紀 80 年代在河南舞陽縣賈湖遺址出土了 18 支用猛禽骨骼製成的笛子，它們被認定是我們華夏祖先 9000 年前的造物。

賈湖骨笛

土鼓

全套曾侯乙編鐘

　　迄今已知最早的樂器組合發現於山西陶寺文化遺址（公元前 2500 年－公元前 1900 年），3002 號墓出土有鼉鼓（用揚子鱷皮蒙製的鼓）、石磬、土鼓三件樂器的組合。

　　音樂及其表現方式也是伴隨着社會發展而逐步走向成熟的。進入奴隸社會階段，奴隸主階級所掌握的音樂成為「禮」（等級制度）的一部分，統治者極力強調音樂的道德教化功能，周王朝建立之初就確立了嚴格的禮樂等級制度，音樂教育制度也是始於周代。

　　公元前 21 世紀前後的青銅時代，我們的祖先創造了一大批青銅樂器：鐃、鉦、鐘、鐸等，其中尤以鐘最具音樂特性，在我國音樂史上佔有重要地位。周代以製成樂器的材質為標準，將樂器分為八類，即金、石、絲、竹、匏、土、革、木，合稱「八音」，編鐘屬金，居首位，是樂隊中的主奏樂器。早期三件一組的編鐃，逐步發展至戰國時代排列懸掛於兩三米高、六七米長鐘架上的大型編鐘，編鐘盛行於秦漢之前，它所帶有的宗教禮儀色彩和王權顯威作用重於其音樂功能。

　　1978 年在湖北省隨縣發掘的曾侯乙墓是一座 2400 年前的諸侯墓葬，共出土禮器、樂器、漆器、兵器、竹簡等 15000 餘件。因發掘前未有擾動而多保持下葬時的佈局，墓中以編鐘和編磬為主的隨葬禮樂器真實地反映出墓主人周代諸侯的身份和享用器物的儀式制度。

　　墓葬同時出土了編鐘、編磬、鼓、琴、瑟、笙、篪、排簫八種共計 125 件樂器及相關的演奏器具和附件千餘件，其中不少樂器如十弦琴、均鐘木和篪是先秦失傳已久的新發現，為考古史所罕見。曾侯乙墓出土的樂器組合分為兩部分，中室以鐘、磬為主，配合各種吹奏、彈撥、打擊樂器，合計 115 件，用於演奏宗廟禮樂；東室以琴、瑟為主，合計 10 件，用於演奏寢宮音樂。

　　曾侯乙編鐘長鐘架長 748 厘米、高 265 厘米，短鐘架長 335 厘米、高273 厘米。最大鐘通高 152.3 厘米，重 203.6 公斤，最小鐘通高 20.4 厘米，重 2.4 公斤。全套編鐘共 65 件，分三層八組懸掛於曲尺形木結構鐘架上，上層是鈕鐘，中層和下層是甬鐘，正中間是鎛鐘。編鐘是一種敲擊式樂器，一件編鐘敲擊不同位置，可發出不同的聲音。正面敲出來的為正鼓音，側面敲出來的為側鼓音，一鐘雙音是中國先秦青銅樂器的偉大發明。只有敲擊最佳部位，才能奏出音高準確、不帶金屬噪音的音樂。在整個演奏過程中，要求多名演奏者協同合作，期間要不停移動身體，迅速找到每一口鐘的最佳部位，還要同時擊打距離較遠的兩口鐘，這對演奏者的要求很高，需要反覆練習才能完成。曾侯乙編鐘音域寬廣，跨五個半八度，十二律俱全的雙音編鐘是我國迄今發現的先秦編鐘裏規模最宏大、鑄造最精美、音樂性能保存最為完好的一套，它的出土也改寫了中國和世界音樂史。

　　《孟子‧萬章下》有「集大成也者，金聲而玉振之也」，編鐘由青銅鑄成，發出的聲音稱為「金聲」，與編鐘配合演奏的樂器是編磬，磬由玉或青石

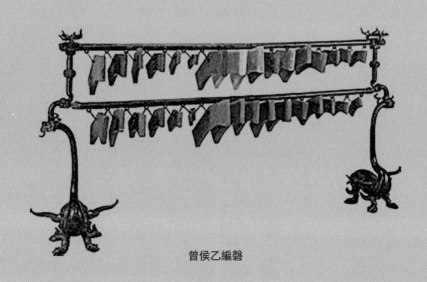

曾侯乙編磬

片製成，敲擊時發出的聲音稱為「玉振」，用「金玉共振」來形容鐘磬合奏時悅耳清脆又悠揚恢弘的音色。與曾侯乙編鐘一同出土的曾侯乙編磬是目前發現磬塊數量最多、規模最大的「磬王」，整套編磬共計 32 片，每個獨立磬片可發出一個音階，經復原研究，知其音域可跨越三個八度，十二半音齊備。磬的音量雖不如鐘大，但不易被鐘聲所掩，餘韻雖不及鐘長，卻越發顯得清晰，鐘磬合奏，金石和鳴，相映生輝。

　　墓內出土的許多文物都帶有銘文，其中標明為曾侯乙製作與使用的銘文有 208 處，如「曾侯乙乍（作）寺（持）」「曾侯乙之用戟」「曾侯乙之寢戈」等。在中室出土的鎛鐘上刻有銘文，記載了公元前 433 年楚惠王接到曾侯乙的訃告後，特為其趕鑄一口鎛鐘，贈予曾侯乙永世享用，這就是楚王熊章鎛。

　　音樂是無國界的，曾侯乙編鐘演奏起來鏗鏘有力、綿延不絕，作為 2400 年以前中國人精神世界和物質生活的代表性文物，不僅反映出當時精良的樂

「曾侯乙乍（作）寺（持）」銘文

楚王所送鎛鐘

器製作工藝，同時保留的周代禮樂文化也一直影響至今。它是中華民族優秀智慧和才能的結晶，是民族文化延續發展的內在動力和橋樑，讓我們充分感受到中國傳統音樂和傳統文化給我們帶來的自信與驕傲。

（高冉）

木雕雙頭鎮墓獸
天地一角

木雕雙頭鎮墓獸

館藏：荊州博物館

質地：木

尺寸：高約 170 厘米

年代：戰國

它叫鎮墓獸，曾被放在墓穴中，用來保護墓主人的安全。它雙眼圓睜，它吐出舌頭，它不是青銅，是溫暖的木頭。

　　木頭上塗畫鮮紅的漆色，形成抽象紋路。四隻麋鹿角向外生長，預示生命的開始。這些裝飾都在暗示着這件文物產生於濕地氣候的地區，誕生在楚國的大地。

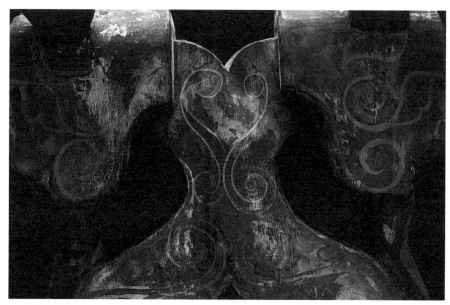

鎮墓獸上的朱紅漆紋

西漢　彩繪鳳鳥紋漆圓盤

戰國　彩繪變形鳥紋圓耳杯

戰國　漆木簋

戰國　彩繪龍鳳紋漆盾

　　楚，意為樹叢、荊棘。楚人生活在沼澤地區，他們製作的藝術品帶有濃厚的自然氣息。像風，像鳥，像雲，沒有固定的形態，是中國人血液中最自由的部分。如今，楚人的形象定格於一張窄窄的木片，定格在天地之間的角落。

　　主人駕着車，經過一棵柳樹，三個人興沖沖地跑在前邊。由於並沒有採用透視畫法，人物像是懸浮在半空。兩隻大雁飛過頭頂，三個人向上望去，似乎在交換着對天氣的看法。黃狗追野豬，藉着春天的響動，親密的朋友躲在樹下，說着悄悄話。小心，有人在聽呢。

西漢　馬王堆漆棺

　　從出土文物中，我們可以強烈地感受到楚人的自由氣質。它輕快地存在過，存在於略顯沉重的文明之中。

　　馬王堆漆棺，西漢初年。三百多隻精靈盤坐雲端。一隻精靈撥開雲霧，端坐天際，露出嬰兒般的微笑。另一隻精靈張弓搭箭，瞄準遠處。它緊緊抓住升騰的氣流，左手向上托起，捧起雲朵。還有一隻做出體操般的動作，在雲層間游動。雲端上一隻孤獨的精靈吹奏着思念的歌曲。遠遠地，一隻精靈彈琴回應。

　　在古典時代，一個地區的氣候往往影響着人們的思維方式。所以，我們才可以在楚人的藝術中，看到豐富的自然形象。

　　一呼一吸間，鎮墓獸已存在兩千年。以木頭和動物的角質對抗時間的銷蝕，依然完好，與天空並肩，和星辰同行。

馬王堆漆棺　局部

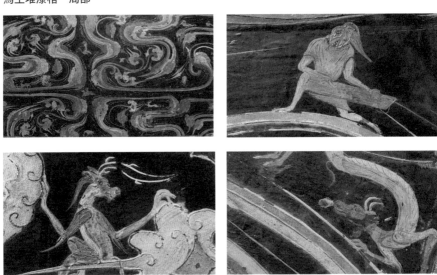

馬王堆漆棺　局部

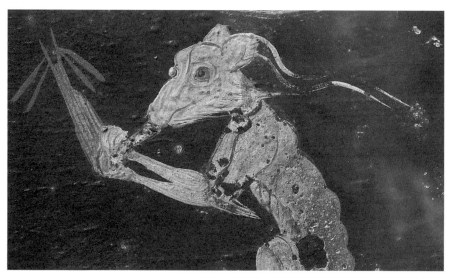

馬王堆漆棺　局部

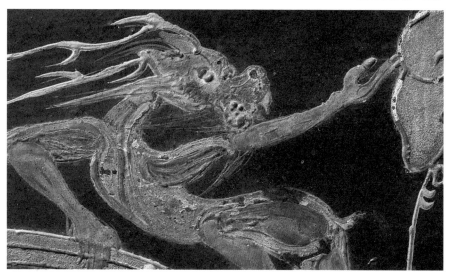

馬王堆漆棺　局部

鎮墓獸

　　鎮墓獸是楚國墓葬中常見的隨葬品。它們多為木質，一般由底座、獸身和鹿角三部分套榫拼裝而成，這在其他列國墓葬中很少發現。隨葬鎮墓獸是楚國人獨有的喪葬風俗。湖北江陵，鎮墓獸集中出土的區域，在春秋戰國時期，這裏就是楚國都城紀南城（郢都）所在。郢都在當時是楚國的政治、經濟、文化中心，建都 400 年間，是當時南方第一大都會。而數量眾多的鎮墓獸在此出土，表明它們蘊含着楚人最核心的文化基因。

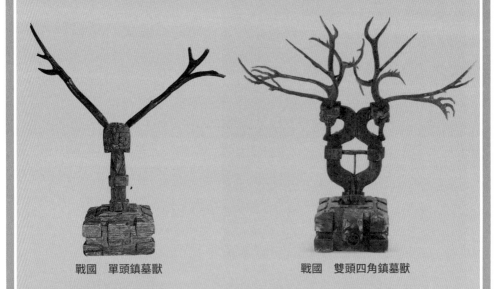

戰國　單頭鎮墓獸　　　　　　　戰國　雙頭四角鎮墓獸

　　出土鎮墓獸的墓葬，多是具有一棺一槨葬具的大中型墓葬。在禮制規定嚴格的周代，不同身份等級的逝者要嚴格按照不同的禮法舉行喪葬儀式。棺槨制度在周代喪葬禮儀中十分重要，在先秦文獻中多有記載。例如《莊子·雜篇·天下》曰：「天子棺槨七重，諸侯五重，大夫三重，士再重。」具有一棺一槨的墓葬，逝者的身份多在士與封君之間。而一般的平民墓葬是絕不能

使用此類特殊的喪禮用器的。而且墓主人身份越高，墓葬規格也就越高，而墓中的鎮墓獸則會變得結構複雜，裝飾繁縟。例如本章最前提到的那件鎮墓獸，器身雕刻精美，纖毫畢現，採用紅、黃、金三種顏色彩繪，通體遍施各種紋飾。想必它保佑的主人生前身份尊貴，曾在楚國享有極高的聲譽。在歷史的風塵下，權勢早已化作塵土，只有通過這尊沉睡兩千年的鎮墓獸，遙想當年墓主人前呼後擁、頤指氣使的情形。

楚人的墓葬往往分隔成一個個方形的空間，稱為「箱」，用以表示生前的居所。一般情況下，鎮墓獸在墓葬中僅出土一件，位於頭箱的重要部位，並與其他銅禮器或陶禮器放置在一起。可以想像，鎮墓獸是葬禮中的重要用器。而鎮墓獸的作用，綜合各家之言，多認為與楚人的巫術系統有關，主要用於鎮墓辟邪，引魂升天。

兩周時期的藝術，「禮儀」是永遠繞不開的話題。相較於中原地區，楚人以其特有的浪漫，讓刻板的禮儀變得活靈活現。除了鎮墓獸，包山楚墓出土的彩繪人物車馬出行圖圓奩亦是如此。奩盒上的畫面淋漓盡致地展現了楚

戰國　彩繪人物車馬出行圖圓奩

圓奩側面圖像

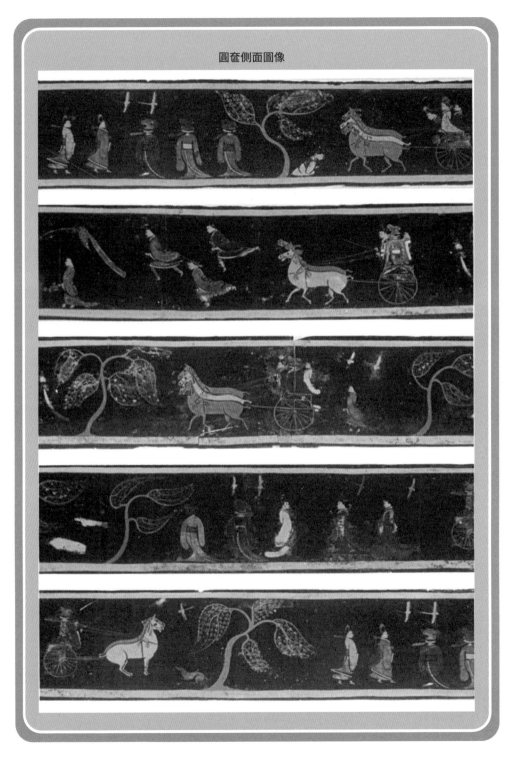

人的藝術風格，其表現的含義，學者們爭訟不一。而最新的研究成果則給了我們一個浪漫的解釋：這是周代婚禮的再現。

乘坐馬車的主人是男方派向女方提親的使者，而在車前跪迎的女子是女方派來交涉的擯者。雙方交流彼此的意向，這就是婚禮中下達、納采、問名之禮。在周代，婚姻大事必須要遵從「父母之命，媒妁之言」。未經父母首肯、媒人溝通的禮節，男女雙方不可以「私訂終身」。《儀禮·士昏禮》中說「昏禮下達，納采用雁」，天空中飛行的雙雁，正象徵着婚姻締結，夫婦成行。而在大雁之下，便是諸禮已備，青年男女相會於曠野。飛奔的野豬和黃狗，象徵着生機勃勃與春意盎然。而那觀賞天氣的三位女子，實際上則是在畫面的最後一章——男主人迎娶新娘中，在旁俟立的三位侍女。

公元前 278 年，秦國名將白起攻破郢都，楚國被迫遷都自保。曾經叱吒風雲的南方雄楚逐漸退出了歷史舞台。隨着秦王掃平六合，建立大一統帝國，這片叢澤之地也迎來新的主人。但儘管始皇帝推行「車同軌，書同文」，意圖建立全國性的制度規範，六國遺風始終綿延不絕，楚國文化始終根植於南方大地。隨葬鎮墓獸的習俗雖然消失，但是隨葬木俑的習俗已然在楚國故地流傳，並未受到楚亡的影響。

秦祚短暫，羣雄揭竿而起。「楚雖三戶，亡秦必楚」，抗秦的主要力量多來自楚地。由此到西漢初年，楚文化再次得到復興。漢王朝統治者借鑒了楚國的禮儀制度，使之成為國家禮制的一部分，這就是為甚麼我們在馬王堆的漆棺上依然能夠看到楚國的精靈躍動的身影。斯人已逝，然而楚地的靈秀，通過幽冥中的鎮墓獸，得以跨越千古，重現人間。

(李凱)

人物御龍帛畫

天上見

人物御龍帛畫

館藏：湖南省博物館
質地：絲帛
尺寸：長 37.5 厘米、寬 28 厘米
年代：戰國

死之後，人會去哪裏？兩千多年前的楚人相信，是永生。

他，眼神堅定，峨冠博帶。身着華服的他，腰配重劍，手中的轡繩繃得筆直。轡繩的另一端，緊緊地拴着一條巨龍。巨龍昂首翹尾，身呈龍舟狀。他似乎已經準備完畢，即將擺脫形骸的束縛，前往永生之地。

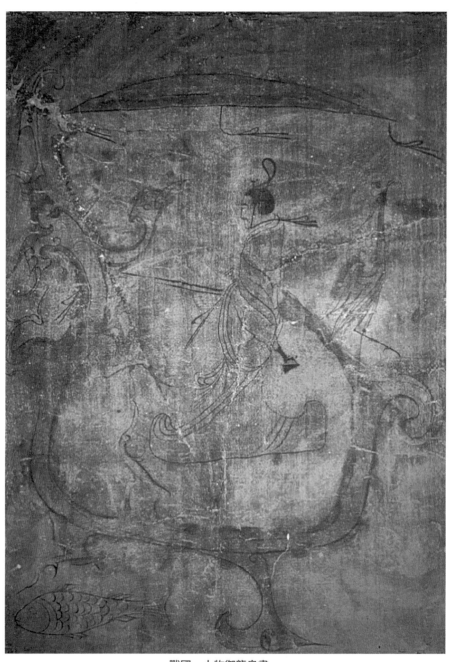

戰國　人物御龍帛畫

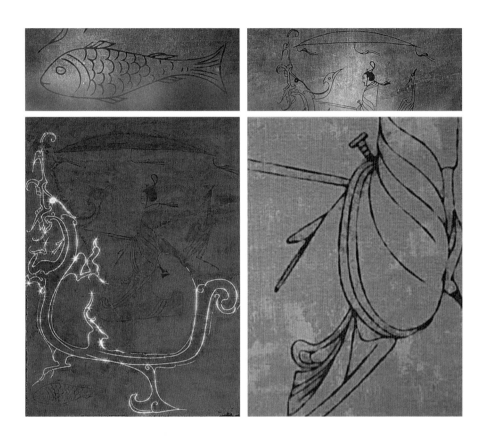

　　這幅人物御龍帛畫作於戰國時代，是目前發現的最早的帛畫。它出土於長沙子彈庫，發現時，這幅畫被平放在槨蓋板和外棺中間的隔板上，是喪葬中使用的「引魂幡」。

　　華蓋高擎，代表着墓主人正遊走於天空。一條鯉魚引領着航程。墓主人駕馭巨龍，而龍正是可以穿行於人間與仙界的接引神獸。「魂兮歸來！反故居些……像設君室，靜閒安些」，據說，「些」是遠古楚地巫音的殘存。楚人認為人死後，魄往下沉，魂往上飄，因此把帛畫藏在棺槨的夾層中，遊魂識別墓主人形象，就會歸來，完成升仙之旅。

西漢　馬王堆一號墓 T 型帛畫（局部）

作於兩百多年之後西漢時期的 T 型帛畫，同樣作為「引魂幡」，則將楚人有關生死的宇宙觀表現得更加完整而立體。畫中，生死如陰陽相互轉換，死後世界的時間和空間如四季循環往復，雜糅一體。帛畫下方是地下的世界。長夜玄冥中，巨人腳踏鰲魚，震懾惡靈，托舉起大地。帛畫的中間部分，墓主人的魂魄則由雙龍搭載着一路升騰，穿越人間。上方的天界中，天門大開，這裏日月同輝，是墓主人將要飛升成仙的地方。

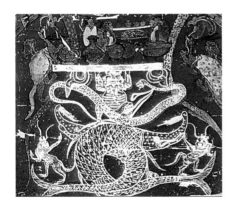

西漢　朱地彩繪棺

　　裝載着墓主人的棺槨上同樣描繪着升仙的極樂之境。消失的生命雖暫時如煙雲般飄散，但在各種神物的庇佑下，陰陽調和，魂氣聚合成形。永恆的生命在另一個世界逐漸復甦。楚人的喪葬，用楚文化奇幻神秘的形象，為逝者的出死入生描繪了一套瑰麗而完整的路徑。

彩繪棺局部圖案

　　「死生為晝夜」，生死非人力可逆轉，可它們又如春來秋往、晝夜更替，這是大自然冥冥之中的暗示。楚人對生命奧秘的探尋，幻化在爛漫的圖景中，讓那時的人們面對死亡時不再恐懼。因為他們相信，死亡是為人之路的終結，卻是成仙之旅的開端。事死如事生——這樣的生死觀影響了中國的後世千年。生而為人，死後成仙，這才是完整的生命記憶。而生死之間，應御龍而行。

楚漢帛畫與生死觀

　　帛畫起源於戰國中期的楚國。楚人認為，人死後魂魄與肉身分離，會四處遊蕩受害，驚擾後人，因此，須通過喪葬儀式使離散的魂魄歸來，安葬墓內。屈原《楚辭・招魂》就體現了這一精神信仰。《人物御龍帛畫》正是招魂儀式中使用的「招魂幡」，其上的墓主人形象用以標識身份，招引墓主。帛畫出土時，上端橫邊有一根細竹條，中間繫有一條棕色絲繩，用於懸掛。出殯時，帛畫繫在引魂杆上，舉在柩前，一路導引死者的靈魂進入墓坑。在入殮時，帛畫覆於棺蓋之上，引導靈魂進入死後的理想世界。

　　在圖像中，我們可以看到 5 個形象。畫面正中的男子是墓主人，高冠佩劍的裝束很符合《楚辭》中「帶長鋏之陸離兮，冠切雲之崔嵬」的楚地服飾特色。墓主身下的是龍舟，龍頭右邊有一鳥頭，疑似鳳首。龍、鳳都是楚人信仰中可以溝通天地的靈物，它們就是使亡魂升天的引導者。舟尾立着的仙鶴，被認為是長壽的象徵，寄寓着死後成仙的願望。墓主頭上的華蓋，代表着圓圓的蒼穹，表示靈魂的去向乃是天界。畫面左下角的魚多被認為是鯉魚，但其含義爭議最大。有人認為是體現龍在江河湖海中遨遊；有人以為牠和龍鳳一樣，都是引導靈魂的使者。整幅圖畫表現的就是「引魂升天」的主旨，反映了楚人神秘的神巫思想。

　　除《人物御龍帛畫》外，戰國時期還有一幅《人物龍鳳帛畫》，出土於長沙陳家大山楚墓，年代比《人物御龍帛畫》更早，二者並稱為先秦繪畫藝術中的雙璧。它的畫面正上方是一隻碩大的鳳鳥，引頸昂首，翅膀展開，雙足騰踏，尾羽高翹，作向上奮飛狀。鳳的左邊為一條體態蜿蜒的龍。畫面右下方

繪一女子肖像，當是墓主人的形象。女子腳下有一月牙狀物，有學者認為是引魂之舟。這幅畫與《人物御龍帛畫》一樣，具有招魂歸來，引魂升天的作用。

我們將兩幅帛畫對比，可以明顯看出圖像的變化。在《人物御龍帛畫》中，鳳鳥所佔的空間急劇壓縮，而龍形圖像則大幅擴張。這一圖像空間的變化，也許同這一時期楚國攻滅吳、越等國有關。楚國崇尚鳳，而吳越崇龍。楚人遷往吳越故地之後，吸收了當地的龍文化觀念，使得帛畫中龍的地位逐漸取代了鳳。新出現的華蓋和鯉魚圖像，則表明楚人對天上、人間、地下的空間觀念進一步明確，這種三界的概念延續到西漢帛畫中，表現得更加完整而具體。

漢起源於楚，漢文化與楚文化有很顯著的繼承發展關係。發現於長沙馬王堆 1 號墓的西漢 T 型帛畫，從內容和形式上都是對楚帛畫的傳承。這幅 T 型帛畫從下至上分為地下、人間、天上三部分。畫面下部是地下的場景。一個赤身裸體的巨人，雙手托舉一白色平台，象徵着大地。大地之下巨人腳踏鰲魚，胯下有蛇，是冥界神話的反映。

戰國　人物龍鳳帛畫

馬王堆一號墓 T 型帛畫地下場景線描圖

中部是描繪了墓主人形象的人間，以玉璧為界分為上下兩層。下層是墓主家人的祭祀場景，上層是墓主人的升天圖景。墓主面向西方，身前身後都有侍從迎接護送。墓主及侍從頭上方有一圓形華蓋，象徵着天穹。雙龍穿過玉璧，向上飛升，引領墓主人的靈魂去往更高的天界。

帛畫上部是天府。天門兩側的侍者拱手而立，正在歡迎墓主人的到來。上方兩隻人身神獸手中拉繩，震動中間的鐸。最上端右側有一輪紅日，日中有金烏。左側有一彎月牙，月上有蟾蜍和玉兔。日、月之間端坐着人首蛇身的天帝，顯出天界的威嚴神聖。

這幅西漢初期的 T 型帛畫，是楚漢帛畫中內容最複雜、最奇幻的一幅，光怪陸離的神話形象體現了濃烈的楚文化特色。而從西漢中期開始，隨着大一統王朝的發展，各種思想信仰漸趨融合，帛畫上也出現了新的喪葬觀念。

與馬王堆帛畫相比，西漢中期的山東臨沂金雀山帛畫開始呈現漢文化要素，甚至還包括齊文化的成分。日月之下的三座仙山，或為戰國齊地傳說的海上三仙山：蓬萊、方丈、瀛洲。帛畫中不再見到地下和人間，只有對死後世界的描繪。在這個類似仙山的地方，沒有天帝靈獸等神話人物，只有樂舞、仕宦、紡織、角觚等人間生活和禮教行為，體現出世俗性和漢儒色彩。

西漢　馬王堆一號墓 T 型帛畫

從四幅楚漢帛畫來看，戰國至西漢，人們對死後世界的想像是不斷變化的。戰國時期，人們對死亡世界的認識還比較模糊，帛畫表現的僅是墓主人接受龍鳳引導而行進的情景，至於前往何方則並不明確。西漢初期的馬王堆帛畫，表現墓主人靈魂的去向是一個近似於天界的地方。金雀山漢墓表現的則是墓主人到達了一個類似於仙山的地方，並在那裏生活的場景，這說明從西漢中期開始，漢人對死後世界有了明確清晰的理解，並將其描繪得更加貼近現實。

西漢末期至東漢是帛畫的衰亡期。這時的帛畫圖像簡化，甚至有些沒有圖像，僅用文字記載墓主的姓名、籍貫及祭文。這種現象表明，崇拜巫鬼的楚系信仰已經衰落，引魂升天的觀念逐漸消失，標誌墓主身份的功能被文字代替，帛畫也就相應地退出了歷史舞台。

帛畫的興起、發展與消失，反映的是文化的交流融合，也是古人生死觀的轉變進化。從楚文化到多種思想兼收並蓄的漢文化，體現了中華文明的多元性和包容性；從迷信鬼神、渴望升仙到對死後世界的想像趨向現實，體現了古人對於生死問題的認知逐漸走向理性化。而其中不變的，是我們對超越生死的渴望和對逝者的美好祝願。

（王雨夙）

西漢　金雀山九號墓帛畫

065

跪射俑
帝國的鏡像

跪射俑

館藏：秦始皇帝陵博物院
質地：陶胎彩繪
尺寸：高 128 厘米
年代：秦

　　地平面是神秘的鏡子，鏡面上是巍峨而沉默的陵墓，鏡面下，帝國的時間仍在行走。

1974 年，大地之鏡的塵埃被意外觸動，深埋在驪山腳下的秦始皇陵兵馬俑赫然面世。秦軍集結在京畿，面對東方。三座相鄰的坑穴中容納着超過 7000 尊與真人同樣大小的陶俑，彷彿鏡中折射的帝國。在地下的疆場，我們與史書中描寫的驍勇秦人面面相覷。

秦始皇陵兵馬俑二號坑東端的陣型前鋒出土了 160 尊跪射俑，他們頭挽髮髻，身披鎧甲，持握弓箭的雙手置於腰間，眼睛注視正前方，面容鐵一般冷靜。

秦代　跪射俑

　　身居射手隊列的這位男子屬於大秦戰士中爵位最低的一員，也是帝國萬千勇士的縮影。他的頭背挺直，兩腿縱向交叉。從側面看，左膝、右膝、右足三點之間，構成穩固的三角。這種姿勢重心穩、目標小、利於攻防，大概是當時射擊訓練的最高標準。

靠近觀察，可以看見射手胸腹的甲片，上片疊壓下片，肩部和腰下則
相反，鎧甲的設計細節貼合人體的曲線，滿足了活動和攻擊的需要。

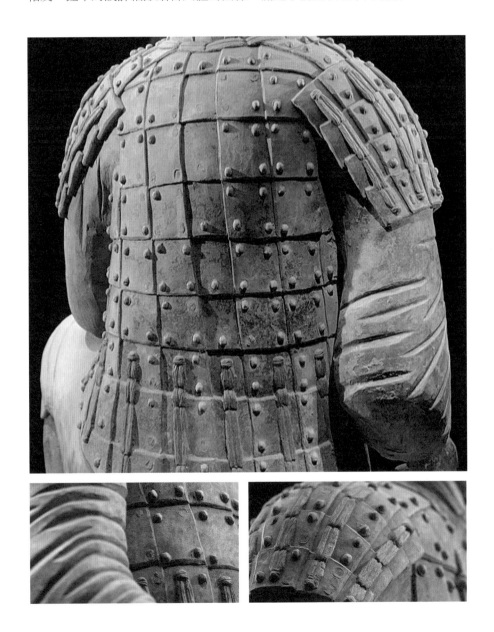

　　支撐全身的右腳鞋底翻起，腳尖和後跟針線更加密集，增強了鞋子的韌性，足弓處針線疏朗，便於屈伸。動作、鎧甲、衣着，陶俑對帝國戰士的複刻逼近真實，而五官、鬚髮、掌紋等體貌的嚴謹處理又賦予了他肌膚的溫度。

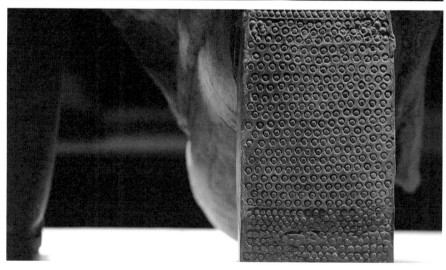

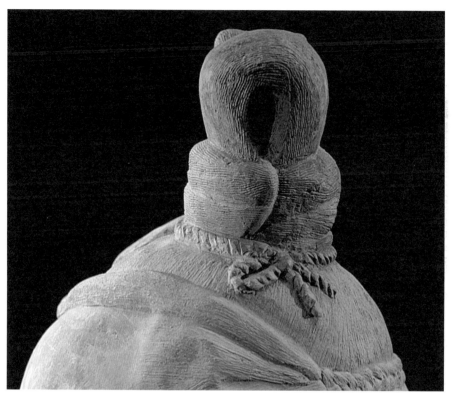

出土時，陶俑臉部和周身織物還留有色彩，面目如生，鬚髮畢現，全無冥界的陰翳。虛擬的將士不僅顏值盡顯，而且暗藏熱血。

星辰旋轉天穹，山河蔓延大地，人為重現的鏡像擁有扭曲時間的魔力。鏡子之外，肉身已經逝去；鏡子中，士兵卻被賦予恆久的人格和生命。他們抵禦住時間腐朽萬物的力量，屹立在今人眼前。地面上的秦王朝已經畫上句號，大地之下的時間在坑穴的隧道中自我延伸。這裏的帝國沒有終點，戰士們等待着帝王的號令，隨時準備重返戰場。

秦始皇帝陵外景

秦兵馬俑

　　秦王朝隨着統一的中央集權制封建國家的建立、鞏固和發展，國家財力與人力的高度集中，雕塑藝術也日益繁盛。統治者將雕塑藝術視為宣揚統一功業、顯示王權威望的有力工具，秦在陶塑、石雕、青銅鑄像等方面均有建樹，成為中國雕塑史上的第一個高峰。

　　充分反映秦王朝陶塑工藝卓越成就的是秦兵馬俑。公元前 246 年，年僅 13 歲的嬴政即秦國國王位，隨後不久就開始為自己修建陵墓。公元前 221 年，秦統一六國後，從全國徵調 70 萬人到驪山繼續修建陵墓，營建死後的極樂世界。秦始皇還任命丞相李斯為總設計，大將章邯為總監工，至嬴政 50 歲去世，歷時 36 年的秦始皇陵才修築完成。

秦始皇帝陵坐落於中國陝西省西安市臨潼區東約 5 公里處的驪山北麓，是中國歷史上第一個封建皇帝的陵墓。這座耗費無數人力、物力和財力的帝陵，奢華龐大得讓人無法想像。司馬遷在《史記・秦始皇本紀》中對它有過生動的描述：「始皇初即位，穿治驪山；及并天下，天下徒送詣七十餘萬人，穿三泉，下銅而致椁，宮觀百官、奇器珍怪徙藏滿之。令匠作機弩矢，有所穿近者輒射之。以水銀為百川江河大海，機相灌輸，上具天文，下具地理。以人魚膏為燭，度不滅者久之。」地宮挖土已經達到地下水位置，所用石料加工非常精細，石塊之間用銅、錫熔液灌注，用水銀做成長江大河，墓頂有夜明珠鑲成的天文景象，用油脂做成長明燈，象徵秦始皇萬壽無疆。毫不誇張地說，秦始皇陵就是一個地下王國。地宮到底是怎樣精密的佈局，已經成為埋藏在地下千年的秘密。

　　1974 – 1976 年，在秦始皇帝陵東垣外的臨潼西楊村南面，位置相當於東陵道的北側，先後發現三座埋藏大型陶塑兵馬俑的從葬坑。雖然這僅僅是整體從葬坑的一部分，但是其規模已經令世人震驚。三座俑坑均為地下巷道式土木結構建築，陳列有相當數量的俑葬品，但建築形制、平面佈局各不相

秦始皇兵馬俑一號坑全景

同。俑坑中間築有一條條平行的土隔牆，坑底用青磚鋪就，頂部原有棚木和蘆葦形成的頂棚。俑坑四周有門道，陶俑、陶馬放入後，用立木封堵門道，再用夯土填實，一座封閉式的地下軍事營壘最終形成。經過千年，墓頂棚木已腐朽，讓我們能看到「世界第八大奇跡」的全貌。

　　一號坑呈長方形，東西長 230 米，南北寬 62 米，總面積達 1.4 萬平方米。東端設開闊的前廳，巷道與前廳部分整齊有序地埋藏着與真人真馬等高的陶塑兵馬俑，按其密度推算，坑內共約 6000 餘個兵馬俑。第二、三號坑的規模較小，二號坑平面為曲尺形，東西長 124 米，南北寬 98 米，總面積約 6000 平方米，共有大型陶俑陶馬 1400 餘件。二號坑的考古工作還在進行，目前展出的是遺址頂部的棚木跡象及一部分陶俑陶馬的出土現狀。三號坑呈「凹」字形，東西長 28.8 米，南北寬 24.57 米，總面積約 520 平方米。此坑曾遭嚴重破壞，陶俑、陶馬和戰車殘破較甚，似為統領一、二號坑的軍事指揮部。

秦始皇兵馬俑二號坑局部

兵馬俑嚴格按照秦朝軍事制度排列於地下，不同的士兵按等級、兵種列陣，堅守着自己的職責。其中數量最多的是手持兵器的武士俑，其他還有牽馬持弓的騎兵俑、駕馭戰車的馭手俑、頭戴長冠的將軍俑等。跪射俑是重裝步兵的一

種，發現於二號坑東北角弩兵方陣的中心位置。武士屈右膝挺身跪姿，雙手作持弩的姿態，目視前方，好似正準備隨時張弩發箭。人體和衣物都與真人實物相同，連武士所穿鞋底的線紋都塑造得極其逼真，這是秦代軍事制度和戰術動作的生動寫照。

在古代，殉葬制度極其普遍，商代以人殉為盛，到春秋戰國時代開始以俑替人，秦漢時期盛行俑葬。俑以陶質為主，兼用木、石或青銅，其中以兵馬俑最具盛名。兵馬俑作為秦代陶塑的傑作，首要在於其工藝之精美及技術之精巧，單個兵馬俑體重 300 多公斤，平均身高在 1.8 米左右，按照秦代將士真人的形象比例分別雕刻後燒造而成，每個人俑從髮髻、裝束、鞋履到神情和手勢都不相同，性格鮮明且生動傳神。

秦代雕塑的主要藝術特點即是崇尚寫實，手法嚴謹。這支地下陶塑軍隊面向東方，雄壯威武的軍陣場面是秦軍奮擊百萬、戰車千乘、驍勇善戰的真實寫照，同時在總體佈局上形成排山倒海的磅礡氣勢，令人產生敬畏而難忘的印象。兵馬俑上鮮豔的彩繪已經退卻，秦人奮勇拚搏的精神卻一直流傳。他們是秦代雕塑造型藝術取得劃時代成就的標誌，更是中國雕塑史上璀璨的明珠。

（高冉）

戰國商鞅方升

一升量天下

◣ 戰國商鞅方升

館藏：上海博物館
質地：青銅器
容積：202.15 毫升
年代：戰國至秦

它的容量只有一升，體格不大，顏值不高，隱約可見的銘文卻暗示着它並非尋常之輩。標準、統一、天下，這些關乎中國歷史走向的決定性瞬間，就銘刻在它的身上。

升，既是容量單位，又是測量糧食的器具。甲骨文的「升」字就像一把長勺裏加了一粒糧食。青銅鑄造，呈長方形，直壁，後有短柄。在它的外側，刻有 32 字銘文，猶如一份出生證明，列出了它的出生時間、體格大小和設計者的名字。

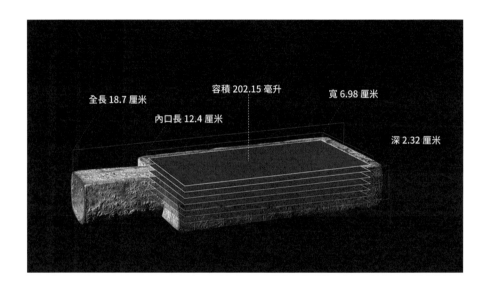

全長 18.7 厘米　　內口長 12.4 厘米　　容積 202.15 毫升　　寬 6.98 厘米　　深 2.32 厘米

銘文中的「大良造鞅」，就是商鞅。大良造是他主持變法時所擔任的職務，是當時秦國最高的官職。戰國時代，諸侯之間的戰爭更為慘烈。為了在殘酷的競爭中生存下來，各國先後進行變法。秦國如何能在變法中後發先至，商鞅認為首先要取信於民。他在南門外豎起一根三丈高的木頭，告訴民眾，誰能把木頭搬到北門，就給他重賞，沒人敢去嘗試。當他把懸賞提高到原來的五倍，終於有人把木頭搬到了北門，商鞅立即兌現了承諾。商鞅使新法獲得了民眾的信任，統一度量衡的進程也正式開啟。

商鞅方升左壁銘文：
「十八年，齊率卿大夫眾來聘，冬十二月乙酉，大良造鞅，
爰積十六尊（寸）五分尊（寸）壹為升」（十八年即秦孝公十八年，公元前 344 年）

公元前 344 年

大良造鞅

202.15 毫升

度，用來計算長短。量，用來測定容積大小。衡，則是測量物體輕重。在當時，各國之間的度量衡各不相同，即使在一國之內，各地的度量衡也差別很人。商鞅明確規定一升的大小，並製作出一升的標準器。如此一來，同樣的一升米，便不會出現各地多少不一的情況。同樣的一畝土地，產量的計算就不會再有差異。國家徵稅納糧有了保證，源源不斷的稅收支撐起了秦國兼併六國的戰爭。

各種度量衡器

東漢　彩繪骨尺（上）　鎏金銅尺（下）

秦代　大騩兩詔九斤銅權

戰國　燕客銅量

戰國　公豆陶量

秦代　瓜稜形青銅秤錘

戰國　陽城陶量

秦代　青銅量

　　這是始皇帝統一六國後加刻在方升底部的詔書，一共 40 個字。「廿六年（公元前 221 年），皇帝盡并兼天下諸侯，黔首大安，立號為皇帝，乃召丞相狀、綰，法度量則不壹歉疑者，皆明壹之。」大意是說，如今天下一統，人民安定，度量衡的標準從此歸於一致。始皇帝的詔書與商鞅變法時刻下的文字距離不超過兩厘米，時間卻相隔 123 年，意味着方升從一國的標準轉變為天下的標準。

　　在一個以農立國的國家，一個農民可以不識字，沒有車，卻不能不納糧。統一的方升意味着統一的法度，生活在遼闊土地上的華夏先民才會對一個泱泱大國有了統一的認識。一個國家的升，開始有了天下的度量。

歷史中的商鞅

中國從很早開始就設立史官，負責保存記錄整理歷史資料。流傳至今的歷史古籍中以二十四史最為著名，《史記》就是其中的一部。《史記》記載了上至傳說中的黃帝時代、下至漢武帝太初四年間共三千多年的歷史，其中就包括《商君列傳》。

商君指商鞅，列傳指帝王諸侯外其他各方面代表人物的生平事跡和少數民族的傳記。《史記》中列傳共有七十篇，《商君列傳》為第八篇，位於《仲尼弟子列傳》之後，《蘇秦列傳》之前，可見商鞅在歷史中的重要性。

根據《商君列傳》的記載我們可以知道，商鞅姓公孫，名鞅，因其出身為衛國公族，稱為衛鞅，後來因在秦國變法有功，被封於商，又稱為商鞅或商君。

商鞅年輕的時候在魏國做小官，一直得不到魏王重用，後來聽說秦孝公招賢納士，變法革新，就跑來秦國。他通過富國強兵的言論，很快就得到了秦孝公信任，歷任左庶長、大良造等官職，主持秦國變法。

面對當時禮崩樂壞、諸侯征戰不休的社會現實，商鞅主張以法為工具來維護社會秩序和實現秦國富強，為此制定了一系列法令，例如：讓百姓互相監視檢舉，一家犯法，周圍十家連帶治罪；如果不告發奸惡要處以攔腰斬斷的刑罰，告發奸惡的人可以與斬敵首級的人同樣受賞；如果為私事鬥毆的，要按情節輕重分別處以大小不同的刑罰；如果致力於農業生產，讓糧食豐收、布帛增產的人可以免除自身的勞役或賦稅；在王族裏沒有軍功的，不能列入家族的名冊，等等。變法的法令在秦孝公的支持下，很快在秦國各地施行，取得了很好效果。

這樣巨大的社會改革使秦國國力迅速強大，但損害了秦國貴族的利益，

很多大臣開始忌恨商鞅。秦孝公逝世後，商鞅被公子虔指為謀反，遭圍剿戰敗而死，他的屍身被帶回咸陽，處以車裂的刑罰後示眾。但是，商鞅的死沒有停止秦國變法的腳步，他的治國思想一直延續，並最終為秦國統一天下奠定了基礎。

篆書及影響

商鞅方升中的文字稱為篆書，是中國古代的文字形式。篆字可分為大篆和小篆，大篆指金文、石鼓文等，小篆是秦國統一六國以後使用的文字。

篆書的產生與甲骨文有着密切的關係。甲骨文因鐫刻、書寫於龜甲與獸骨上而得名，是目前國內發現最早的文字。故宮博物院收藏着一件商代殷王武丁貞問婦嬕患疾刻辭卜甲，是殷王武丁占卜用的龜腹甲，上面的文字就是甲骨文，背面還有占卜時燒灼過的鑽坑和鑿

坑。甲骨文在 1899 年被發現，立刻引起學術界的轟動。羅振玉、王國維、郭沫若、董作賓、唐蘭、陳夢家等學者都進行了卓有成效的考釋和研究，使我們認識了甲骨文，從中了解到了更多殷商時期的歷史。從字體的數量和結構方式來看，甲骨文已經是較嚴密的文字系統，具備了象形、指事、會意、形聲等特點，但原始圖畫文字的痕跡還是比較明顯。

隨着甲骨文的出現，青銅器上也逐漸出現了文字，稱為金文，是大篆的一種。金文與甲骨文有很多相似之處，大部分學者認為金文由甲骨文發展而來，比甲骨文更為複雜規範。故宮博物院收藏的小克鼎上面的文字就是金文，

殷王武丁貞問婦嫀患疾刻辭卜甲

小克鼎銘文拓片

西周　小克鼎

共 8 行 72 字。金文的主要作用是用來記錄重大歷史事件,同時也頌揚祖先及王侯們的功績,對於彌補古代文獻的不足有着很重要的意義。但由於春秋戰國時期諸侯混戰,各自發展,導致同一個字出現了很多不同的樣式,難以辨識。

秦統一六國之後,開始規範文字,統一使用小篆,小篆是以秦大篆為基礎創制產生的。故宮博物院收藏有秦石鼓,上面刻劃的文字就是秦大篆,與小篆已經很接近了。小篆的產生有着劃時代的意義,從此漢字的結構就統一和固定下來,以後漢字的演變也是在此基礎上發展,在結構和偏旁位置等方面沒有大的改變,很多字在其後的幾千年直至今天還在使用。

對於刻在青銅器、石頭等處的文字,很早就有人開始研究,稱為金石學。金石學形成於宋代,歐陽修是金石學的開創者。趙明誠的《金石錄》首次出現「金石」一詞,清代王鳴盛等人正式提出「金石之學」這一名稱。清末民初,金石學研究範圍又包括新

發現的甲骨和簡牘，並擴及明器和各種雜器，逐漸發展成為中國考古學的前身。我們今天能夠彌補文獻史料記載的不足，重新認識商、周時期的歷史，要歸功於金石篆書所承載的歷史信息被歷代金石學者不斷解讀，可見篆書的歷史重要性。

由於金石學的興盛，許多篆書的摹本與拓片流傳至今，這成為中國美術史上一道獨特的風景。故宮博物院收藏的吳昌碩《臨篆書石鼓文》就是其中一件代表作品。這幅書法作品創作於 1915 年，當時吳昌碩已 71 歲，作品筆法沉厚渾樸，線條粗細富於變化，篆字既師原文之意，得其形，又獨具風骨，用筆遒勁，自具新意，達到了很高的藝術水平。此外傅山、錢坫、鄧石如、吳大澂、趙之謙、齊白石、張大千、馬衡、黃苗子等都有篆書的作品流傳至今，可見篆書對書界藝術發展產生巨大影響。

（白煒）

清代　吳昌碩《篆書臨石鼓文》軸

秦石鼓

秦始皇陵銅車馬

圖謀遠方

秦陵一號銅車馬

館藏：秦始皇帝陵博物院
質地：青銅
重量：1061 公斤
年代：秦

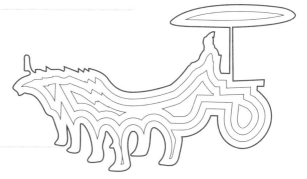

　　生命若走近邊界，帝王也無能為力。也許，製作一輛精美絕世的車馬才能駛向夢想的遠方。擁有這輛車是否意味着不朽？

青銅車馬模型出土現場

一號車　立車　　　　　二號車　安車

1980 年冬天，在臨潼秦始皇陵封土的西側，兩乘青銅車馬模型先後出土。

一號銅車馬是立乘車，也叫作高車。車輿、駟馬、配飾一應俱全，甚至馭手也被細緻刻畫。車馬以青銅製造，馬身佩戴金銀裝飾的配件，局部施以彩繪。

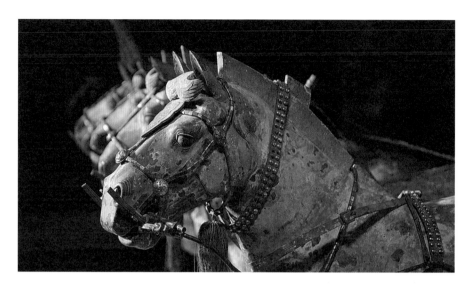

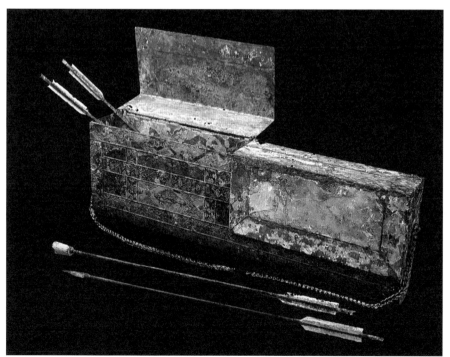

一號車配件　銅箭鏃及箭箙

青銅車馬模型局部

這是迄今為止中國考古所發現禮制最高、形象最完整的古代車馬。不計工本地用金屬代替真實原型，訴說了始皇帝的勃勃野心：背倚死亡，圖謀遠方。

一號車高 152 厘米，長 225 厘米，相當於真車馬的一半，其尺度令銅車馬區別於陪葬系統的其他物品。雖然略顯微縮，卻不減精緻。這輛車重量超過一噸，然而它並非凝固的雕塑，而是由三千多個零部件組成的靈敏機械，數量龐大、形狀各異的零件挑戰了金屬鑄造與組裝的技藝。修長或大體量的構件採用空心鑄造法，寬而薄的則使用鑄鍛結合的工藝。複雜的組件被分解成簡單的元件單獨製作，再通過活頁、子母扣、銷釘或紐環連接合為整體。嚴密拼接的青銅車馬再現了大秦製造的優良品質，讓我們重溫一顆充滿理想的心。

公元前 221 年，秦王朝建立，自稱始皇帝的嬴政意圖打造完美的國家制度，設置由中央統一管轄的郡縣，書同文、車同軌，修築通達天下的道路。秦代高速公路、直道和馳道很快誕生，車軌距離的國家標準也隨之出現。

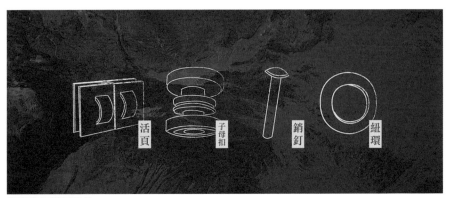

青銅車馬模型零件

青銅車馬模型上的御手

　　秦始皇沿着自己鋪設的道路，先後五次駕馭車隊巡遊疆土，他的生命終止在旅途。曾經最威嚴的人間儀仗化作駛入陵墓的悲壯行伍，陵墓之下，另一組車馬整裝待發，靜候主人的魂靈。

　　帝國沉埋，青銅剝蝕，從未啟程的座駕是否真的能夠疾馳到達遠方？

地下的座駕

　　1980 年冬，在秦始皇帝陵西側出土了兩乘鑄工精良的大型彩繪銅車馬，這是繼兵馬俑坑之後，秦始皇陵考古的又一重大發現。兩乘銅車馬發現於一個大型陪葬坑的過洞內，一前一後，面朝西向排列，前邊的一乘編為一號，後邊的一乘編為二號。

　　秦始皇帝陵中的青銅車馬經歷了發掘、吊裝遷移、清理，車體拼接、組裝、修復等主要過程，是我國迄今為止發現的形體最大、結構最複雜、駕具最完整、製作最精美的陪葬車馬。每乘青銅車馬的總重量約 1200 公斤，車輿分為前後兩室，前室是御手駕馭處，均套駕四馬，後室是主人乘坐處，二室之間不能相通，把御者與車主人分隔開來的做法，表明車主人地位之尊貴。除尺寸為原大的二分之一外，無論大結構還是細微末節，銅車馬均與真車馬

秦始皇帝陵銅車馬出土現場

無異。兩乘銅車馬都是由眾多鑄造成型的零部件組裝而成，結構極其複雜，連接方法採用了鑄接、焊接、子母扣連接、活鉸連接等多種工藝，車門和車窗至今仍可靈活啟閉，細部的真實和鮮明的質感為研究秦代輿服制度提供了確切的實物例證。

　　兩車彩繪的色彩基調均偏冷色，即以乳白色為地，其上用紅、紫、藍、綠、黑、黃等諸色塗繪成多種捲雲紋與幾何形圖案，肅穆莊重，富麗典雅。彩繪紋飾一般是在底色上以勾畫、平塗、堆繪等方式繪製，在車體、御官、馬、飾件等部位形成不同類型的紋樣。圖案內容大致可分兩類，一類是捲雲紋和雲氣紋，這種紋飾以彩繪為主，少部分也有鑄出的；另一類是幾何紋，有菱形、圓形、三角形等，其中以二方連續或四方連續的菱形紋圖案最多。這些風格明快、樸素大方的圖案，若配以車馬的金銀裝飾，則更顯華貴富麗。

一號車籠箙箙身外側紋樣　　　　　　二號車後輿車門內側紋樣

　　這兩乘車雖然同是秦始皇車駕鹵簿中的屬車，但二者在形制結構及武器配備形式上卻迥然相異。一號銅車馬是傘蓋高車，通長 225 厘米。馭手後是乘物載人的車廂，稱之為車輿。車輿高約 152 厘米，雙輪單轅。一號車車體結構相對複雜，附件多以工整的幾何紋為主要裝飾紋樣。車輿平面為橫長方形，周邊前、左、右三面立有欄板，敞口車門闢於後欄板中央。輿內立十字形傘座，座上插一長柄銅傘，圓形青銅華蓋剛好籠罩住整個車輿和御

秦始皇帝陵一號銅車馬

官俑，馭手作立姿，為立車，顯示出該車的肅穆和莊嚴，在儀仗隊伍中有開導和警衛的作用。前欄板頂端有用作扶手的橫木，需要時也可站在上面眺望，稱之為「軾」。宋代著名文學家蘇洵為自己的兒子取名蘇軾，蘇洵認為這根橫木不張揚外露，卻是一輛車必不可少的一部分。他又為蘇軾取字「子瞻」，意在希望他能以軾為基礎，更加高瞻遠矚。

　　二號銅車馬車體較大且有車篷，通長 328.4 厘米、高 104.2 厘米，車為雙輪單轅，馭手呈坐姿，除御官俑的佩劍外，沒有其餘兵器裝備。車輿呈「凸」字形，頂部為隆起的車蓋，四周有圍擋，側面開窗，增加了馬車內部的私密性。人員在其內或坐或臥，安穩舒暢，這被稱為篷蓋安車。這輛車主要用雲氣紋作為裝飾紋樣，以體現作為休息用具的安逸。出土時，一號車馬居前，二號車馬在後，表明一號車馬是從屬二號車馬的前導車。《晉書·輿服志》有「坐乘者謂之安車，倚乘者謂之立車，亦謂之高車」的記載。

秦始皇帝陵二號銅車馬

秦代的高速公路——秦馳道

　　秦國從商鞅變法開始，經過一百多年的鬥爭，到秦始皇時期完成了統一六國的歷史任務。如何鞏固剛剛統一起來的封建主義中央集權國家，進一步打擊奴隸主貴族復辟與分裂勢力，是當時最大的難題。秦始皇在這方面採取了許多措施，建立以國都咸陽為中心的交通系統就是其中之一。戰國時期各國各有其交通道路系統，車輛軌距也互不相同，如果遇到戰爭必使軍事受到影響，因而秦始皇在統一六國期間，頒佈法令統一文字和全國軌距。從此以後，中華大地上完成了「書同文，車同軌」。

　　統一六國前，由咸陽通往西北邊地的道路有三條：一條通到隴西，一條通到北地，一條通到上郡。秦國原來的版圖只是函谷關以西一隅之地，統一後的版圖遠較秦國本土廣闊。公元前 220 年，秦始皇修建了以秦都咸陽為中

心的馳道，這是中國歷史上最早的「國道」。這條「高速公路」的修建、擴大和加密以國都咸陽為中心向四方輻射的交通道路體系，改變了原有道路的佈局。馳道大部分是在六國舊有道路基礎上修築而成，所以修建速度很快，接着第二年秦始皇巡視各地，就由馳道前去。

新馳道的幹線有三條：一條向東直通過去的齊燕地區；一條向南直達過去的吳楚地區；一條由咸陽向北，經雲陽（今陝西淳化）直到包頭西南的九原郡治所，全長 90 公里，目的在於防禦匈奴侵擾。馳道的修建適應了全國統一後經濟發展的需要，活躍物資交流，恢復和發展戰爭破壞的農業生產，建立鞏固糧食基地，發展農戰政策，大大便利了從京城到各地的交通，加強了中央對地方的控制。

由於馳道的幹線都是以咸陽為中心向外輻射，在一些地區呈蛛網式分佈，六國舊地的任何一處發生復辟活動，都可以就近使用相鄰地區的兵力，由咸陽派兵，順馳道而去，控制各國的舊都。馳道的修築也說明秦始皇防禦匈奴侵擾的魄力和決心。

秦朝軍隊有步兵、騎兵、車兵三大兵種，有陸軍和水軍兩大部分。秦始皇時期秦國陸軍以步兵為主，騎兵也成為獨立兵種，並在秦國的兼併戰爭中被作為主力使用，水軍主要是在兼併楚國和進攻百越時發揮了重要作用。銅車馬再現了秦始皇陸軍千里馳騁、南北征戰、統一中國的雄偉圖景，對於研究中國古代的政治、軍事、科學、藝術都有十分重要的價值，是中國古代勞動人民智慧和才能的結晶。

（高冉）

里耶秦簡
秦代縣城那些事兒

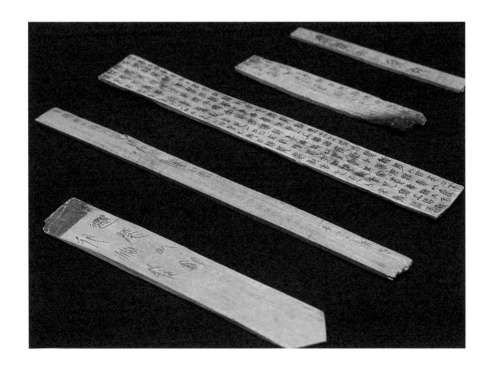

里耶秦簡

館藏：里耶秦簡博物館
質地：木
數量：三萬七千餘枚
年代：秦

2018 年，一批國寶的數據復原工作正在進行中。里耶秦簡，現藏於湖南里耶秦簡博物館。這些木片看似不起眼，但模糊的文字中卻隱藏着大量信息。這些信息來自秦代的一座縣城。2002 年 6 月，湖南湘西里耶古城一座古井裏發現的三萬七千四百餘片秦簡，震驚世界。

「有些秦簡上記錄的內容，我們可以看到字跡已經很不清晰了。它經過火燒過，水泡過，就很難再現它本身的這個原貌。但是我們通過一些技術，比如說多光譜的採集，可以把它很好地再浮現出來。」

發現秦簡的古井

南陽戶人荊不更鄭不寶，妻曰有，子小上造虒。

兩千兩百年前的一戶人家，戶主鄭不寶，享有爵位不更。他的妻子名叫有，兩人還有一個未成年兒子造虒。當年他們生活在南陽里，現在這家人在這片木簡上團圓。

「是不是很像我們現在的戶口本，我還知道有一片更像身份證。」

故邯鄲韓審里，大男子吳騷，為人黃皙色，隋面，長七尺三寸。

23 個字介紹了一位來自原邯鄲韓審里的男子，他叫吳騷，皮膚有些黃，橢圓的臉，身高 170 厘米左右。有了這塊簡，吳騷可以避免被冒名頂替，官員檢查人口流動也有據可依。即使吳騷的身體已成為塵埃，但木簡還記得他的樣子。

今海內賴陛下神靈一統，皆為郡縣。——《史記·秦始皇本紀》

始皇統一六國後，推行郡縣制，全國共有四十多個郡。地處洞庭郡的遷陵縣並不起眼。這裏的大小官員也很平凡，他們當年日復一日書寫完成的官府文書便是現在的里耶秦簡。大部分木簡記載的是秦王政統一中國，稱始皇帝後的秦代情況。其紀年由公元前221年到公元前209年，一年都不少，記事詳細到了月和日。

大量的木簡，一枚便完整地記錄了一件事。一個時代濃縮於一個縣，一個縣濃縮於一片木簡。三萬七千多枚木簡，就像一部秦代縣城生活的百科全書，寫滿了當時的各個方面，有通郵，有行政建制，有買賣、算術和記事等，全景式展現了郡縣制下一個秦代縣城的管理和運行。

始皇二十八年，遷陵縣服役人的死亡率頗高，每六又六十三分之五人當中，便有一人死亡。

始皇三十二年，遷陵縣的倉吏將祭祀剩下的一斗半酒賣給了城。

……遷陵縣共有戶數五萬五千五百三十四戶。

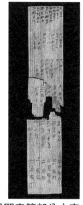

里耶秦簡部分文字

甚至還有三片目前可見最早的九九乘法口訣表。

在正史當中，對秦代行政制度和社會生活的記載不足千字。而里耶秦簡用近二十萬字，為我們描繪了三萬七千多個從前。這如同復活了秦王朝的一個細胞，繼而復活了一個時代的生命氣息。

那時的小吏與平民，仍存於尺牘，可以閱讀，可以理解，可以想像，可以在尺牘之間，看到那些被秦時明月照耀過的生命與時光。

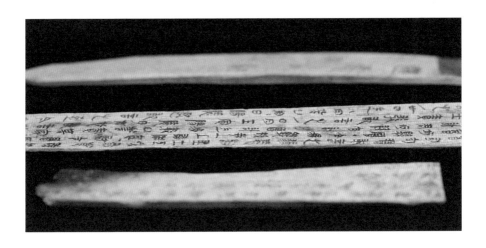

竹簡上的郡縣制

　　始皇帝併吞八荒、橫掃六合之後，困擾他最大的問題，就是如何才能使四海長治久安，為子孫建立萬世基業。《史記‧秦始皇本紀》記載，關於採取何種統治方式的問題，羣臣展開了激烈的爭論。秦始皇最終力排眾議，支持李斯在全國推行郡縣制的建議。

　　秦帝國採取郡縣制，史書上的記載僅是隻言片語，讓人霧裏看花。而這樣的問題卻又是秦王朝歷史最需深究之處。因為始皇帝的這一決定對秦帝國乃至整個中國歷史都影響深遠。王朝初建，對於分封制與郡縣制的權衡利用，都是歷朝統治者必須面對的關鍵抉擇，稍有差池，便會招致如「七國之亂」「八王之亂」這樣全國性的兵禍。而秦王朝作為郡縣制的「頭號買家」，卻沒有太多可資參考的「買家秀」，不能不令後人感到遺憾。即便如「唐宋八大家」之一的柳宗元，在名篇《封建論》中，對於秦推行郡縣制，也只能寫下「裂都會而為之郡邑，廢侯衞而為之守宰」這樣寥寥數語，簡單交代了秦王朝廢除諸侯、委派郡縣長官的情況。直到里耶秦簡的發現，為我們研究秦帝國的郡縣狀況提供了最珍貴的記錄。里耶秦簡是秦代遷陵縣的行政文書，類似於今天公務員們最為熟悉的「材料」。而縣作為秦王朝的基層政權組織，受到郡以及中央的制約。我們可以通過這些文書做到「窺一斑而知全豹」，從最微觀的視角，觀察秦帝國郡縣制實施的種種細節。

　　通過對這些簡牘的分析研讀，我們能夠看到「遷陵縣政府」的具體職能。首先它需要執行上級的行政命令，接受中央、郡下達的文書；其次需要實施行政管理，在轄境發佈公文；除此之外，還要向中央、郡定期「匯報工作」，接受上級的核查；最後還要「作批示」，處理下屬機構的上行文書。可以看到當年秦代遷陵縣治的職能，與現在地方政府職能有很大的相似性。

但是秦代沒有像今天方便的交通、通訊工具，如何才能保證這樣的管理模式持續執行，避免「天高皇帝遠，皇權不下縣」？秦王朝使用的手段和工具之一，就是依靠文書上行下達，傳遞信息。

通過里耶秦簡可以看到，這些文書數量巨大，規定嚴格，可以想像當年的公文處理任務極為繁重。

例如，在一些文書之中，常見到「敢言之」這樣的習語，而且在一段文字中反覆出現。所謂「敢言之」，是用來標示文書主體的起訖，兩個「敢言之」之間是文書的主體，以此防止有人篡改。無論主體文字有多簡短，「敢言之」是斷不能少的。而「敢言之」也不能隨意使用，一般只針對下級對上級的報告。

文書的授受，必須書寫準確日期，不僅記日，甚至還要記時刻。

「卅二年四月丙午朔甲寅少內守是敢言之廷下御史書舉事可為恒程者洞庭上帬（裙）直書到言今書已到敢言之。」

除此之外，文書傳遞方式也有嚴格的規定。「以郵行」，是由郵人專門傳遞，屬於緊急公文；「以次行」，是在各縣之間依次傳遞；「別書抄送」，是在需要留存文件正本時，抄送文件副本送往其他地區。

一塊小小的竹簡蘊含了大量的制度信息，每個文字的書寫都要深思熟慮，不可怠慢。劉禹錫在《陋室銘》中曾歎「案牘勞形」。從里耶秦簡中，我們可以想像秦代的「基層公務員」面對這細緻綿密的規定，面對這層層遞轉的隸屬關係，也免不得一聲歎息。

獲取了權力，就要承擔職責，古往今來，皆是如此。

繁重的公文往來、嚴格的公文程序構成了秦王朝政治治理的主要內容。閱讀里耶秦簡，可以看到這些公文的處理者主要為丞或守丞，其下有一羣輔佐的書吏。他們熟悉公文的寫作格式，也深知如何利用文字將縣城與國家溝通。在秦代的每一個縣，都有這樣一個公文處理機構，它們也是地方權力中樞所在。國家大事、地方小情，全部於此交匯。郡縣之間傳遞的文書，如同人體的毛細血管，將秦帝國的權力滲透到宇內的任一角落，如身驅臂，如臂用指。

秦帝國在全國推行郡縣制，絕非如後世所言，是始皇帝好大喜功的結果，而是經過了深思熟慮，用心經營。身為秦王朝的一個平民百姓，可能永遠無法直面聖上，但是即使在邊陲小城中，依然能深切地感受到皇權浩蕩。

正是這古井墜簡，讓後人了解了近兩千年前的帝國法制。儘管我們不再像古代王朝一樣將秦王朝當作興亡之鑒，但卻可以從這些文字中辨析千古一帝對國家的建構，體會中華文明對國家制度的獨特理解。

(李凱)

南越漢玉

有玉而安

角形玉杯

館藏：西漢南越王博物館
質地：玉石
尺寸：高 18.4 厘米　口徑 5.9 – 6.7 厘米　口緣厚 0.2 厘米
年代：西漢

　　雨林，濕地，瘴氣彌漫的土地。這裏是南越之地，也是兩千年前秦始皇眼中一塊誘人的沃土。趙佗，便是奉秦始皇之命而來征服五嶺之南的江山的人。也是他，為漢代守護一方平安。《史記》中記載，這位來自中原、有可能是中國歷史上「待機」時間最長的王，從外表上看，他就是個越人。王二代趙眜即位時，歷史已經進入漢代。在趙眜死後不到二十年，南越國被漢武帝的十萬大軍所滅，只有他的墓葬安靜地在地下。1983 年被發現的這座墓室，呈現給世人一個漢代玉石藝術的巔峰。

西漢　南越王墓「蕃禺」漢式銅鼎

　　玉，本是美好的石頭，中國人賦予了它豐富的生命和意義，可以象徵品德，可以炫富，也成為生死的陪伴。到了漢代，玉器出現在人們生前死後的各種場所，從禮儀到裝飾再到器用，記錄了一個朝代想像力的維度和氣度。南越國雖然身處統一國家版圖的邊緣，對玉的追逐卻和中原地區一樣濃烈。

　　喝酒有玉杯，穿衣有玉帶鉤，掛在脖子上的項鏈，繫在腰間的玉佩，甚至連下棋也要用溫潤的玉棋子。南越王墓的主人趙眜，顯然是一位「玉粉」。

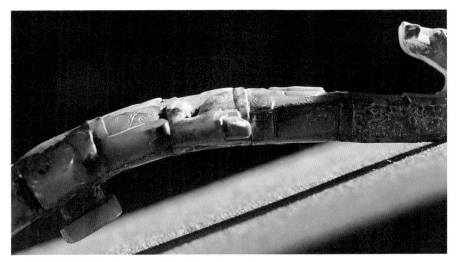

八節鐵芯龍虎玉帶鉤

墓主組玉佩

銅承盤高足玉杯

南越王墓六博棋子

趙眜玉印

這是一隻玉角形杯，也許是玉匠希望借意犀牛角能溶解毒物，便成就了這隻「無公害」杯。杯子的主人一定好酒量，因為玉角杯不能直立，超過 100 毫升的酒，必須一飲而盡。杯子的外側雕刻了一隻中國傳統的夔紋。

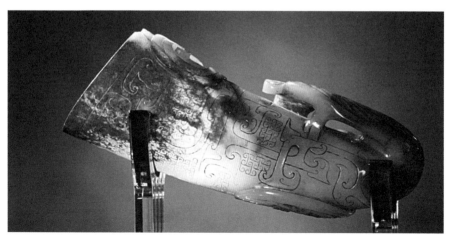

南越王墓角形玉杯

　　龍的形象幾乎遍佈漢代裝飾用的玉器。龍形玉佩，龍紋玉璧，還有這件龍鳳紋重環玉佩。兩千年前，它疊放在南越王臉上，一如瞳孔，望向人類不可見的地方。身處內環的龍托起外環的鳳，執手相看。雕刻者將內外環的紋飾設計為不同的方向，讓人錯覺雙環旋轉，氣韻便由此而生。

虎頭金鈎扣龍形玉佩

大玉璧

透雕龍鳳紋重環玉佩

　　生者佩玉，以比其德；亡者斂玉，以慰其靈。隨葬用玉在漢代表現得更為極致，當時流行的觀念是，用玉器隨葬，可以保住墓主人精氣不散。在漢代君王的葬禮上，堪稱奢侈品的玉衣風靡一時。「願在體而為衣，安君王於九

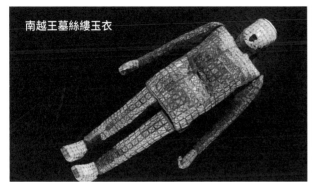
南越王墓絲縷玉衣

泉。」這 2291 片玉被紅色的絲線串聯，與那些金、銀、銅縷相比，這件屬於南越王趙眜的絲縷玉衣有了屬於自己的紅色血脈。

南越國，秦漢帝國的南土，這裏的玉承襲了中原玉文化的正統，也融合了海外異域的風情。玉，石之美。玉，比王字多一點。即使身為王，也會在時間裏湮沒。有了玉，便多了一點能與時間並肩的力量。有玉而安，身體因此安住，大地因此安住，安住在對永恆的祈願與嚮往中。

漢代的葬玉

「情深不壽，強極則辱。謙謙君子，温潤如玉。」玉石文化是中華文化所特有的，古人對於玉的比附和讚美綿延千年而未絕。在漢代有一種特殊的玉，並不是用來佩戴和把玩，而是用來陪葬的，我們稱之為葬玉。

葬玉傳統古已有之，但是在漢代迎來了一個新的高峰期和新的創造期。最具有代表性的就是玉衣制度。玉衣的使用僅限於上層皇室貴族以及皇帝賞賜的大臣，具體分為金縷玉衣、銀縷玉衣、銅縷玉衣以及絲縷玉衣。其中金縷玉衣僅限於皇帝和諸侯王使用，目前考古發現的已經復原的金縷玉衣主要有河北省滿城西漢中山靖王劉勝及其妻竇綰的兩件、河北省定州西漢中山孝王劉興的一件、江蘇省徐州西漢楚王劉戊（一說為第二代楚王劉郢客）的一件、安徽省亳州東漢末年曹操的宗族曹騰（曹操祖父）的一件。

除此之外還有一些零星的發現，由於中國歷代盜墓情況嚴重，所以很多墓葬發掘的時候只剩下零星的玉衣片。除了完整的玉衣外，還有一種較為簡略的形式就是玉覆面。漢代貴族之所以如此看重玉衣，很重要的一個原因就是當時人相信玉有靈性，着玉衣以葬可以保精氣不散，得以永生。

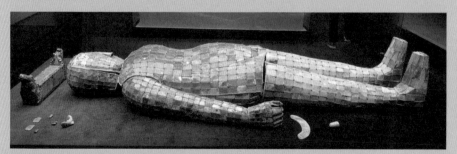

西漢　劉勝金縷玉衣

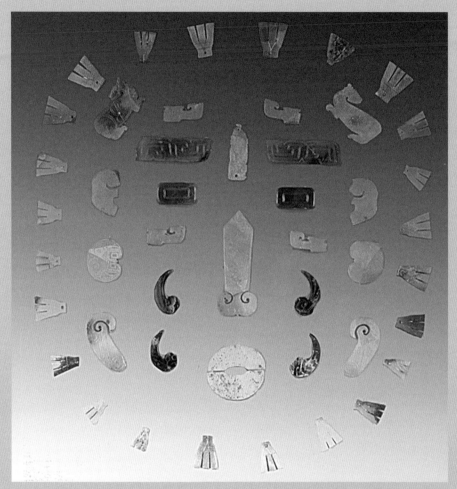

西周　晉穆侯夫人玉覆面

　　雖然人們相信玉衣的功效，但是穿着玉衣是少數上層社會的人才具有的
權力。拋開制度層面的約束，動輒上千的玉衣片以及大量的金銀絲線也遠非
平民所能承受得起。對於一般的家庭而言，他們的葬玉選擇則是玉蟬、玉豬
與玉塞。玉塞是用來封堵九竅以防精氣擴散的葬玉，如《抱朴子》中說，「金
玉在九竅，則死人為不朽」，一般製作比較粗糙。

　　玉蟬是古代飯含的一種，古人不忍心死者空口離去，故在亡者斷氣之後往其嘴中放入一些物品。漢代以前的飯含在《周禮》中是這樣記載的：「天子含實以珠，諸侯以玉，大夫以璣，士以貝，庶人以穀實」。考古發掘中常見的漢代以前的飯含主要是貝殼。到了漢代最常見的就是玉蟬。漢代的玉蟬造型古樸簡拙，形象生動。蟬在古人的心目中地位很高，向來被視為純潔、清高、通靈的象徵。隨着時間的推移，人們又賦予蟬更多的含義。漢代玉蟬的製作水平也與喪葬者的經濟水平直接相關，最主要的就是所選的玉料不同。例如在青島土山屯 6 號漢墓出土的這件玉蟬，整體晶瑩剔透，生動活潑，甚是可愛。

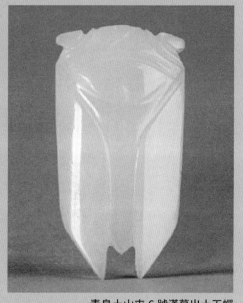

青島土山屯 6 號漢墓出土玉蟬

　　除了玉蟬，漢代還有一種較為常見的葬玉就是玉豬，也叫玉豬握，是在下葬的時候握在逝者手中的玉器。這是後人不願意逝者空手而去因而製作的。《儀禮》中記載：「（士人）握玉手用玄纁，裏長尺二寸，廣五寸，牢中旁寸，着組繫。」這就是說，用長一尺二寸、寬五寸的紅黑色織物包裹東西，握在死者手中，並用絲帶捆緊。《釋名》中解釋道：「握，以物在屍手中，使之握也。」而玉豬就是一種漢代流行的玉握。豬是人類較早馴化的家畜之一，一直以來都被視為財富的象徵。手握玉豬而葬也是希冀逝者在九泉之下仍舊能擁有富足的生活。

山西太原尖草坪漢墓出土玉豬握

　　說到漢代的葬玉，就不得不說漢代的製作工藝。正如我們所看到的，漢代玉蟬、玉豬握的製作琢磨工藝極其精良，線條洗練、流暢、挺拔，造型準確、逼真。最主要的是刀工乾脆簡潔，並無過多裝飾。這種製作工藝被稱為「漢八刀」。「漢八刀」的準確來源已經無法考證了，大都認為是漢代玉件粗坯被簡單地施以八刀而成型，故線條簡約、稜角分明，器形大方而陽剛之氣十足。八刀不過是一個概略的說法。而作為一種葬玉，它們的製作絕大多數時候還是相對潦草的，而這種潦草也恰恰成就了它們簡潔明快的特點。

　　漢代社會是一個物質文化都空前發達的社會，隨着生產力的發展，人自身的重要性被發現和重視。經過前代的發展，人牲和人殉的現象基本不存在了。相比前代，人們更重視當下的生活，先秦之前的玉器主要是體現禮制和等級，而到了漢代則更多地體現生活和希冀，因此也有大量的前代禮玉被重新製作，換上新的用途。而隨葬玉器的傳統雖是繼承前朝，但是儼然已經有了漢代人自己的定義和選擇。他們所期待的是逝者身後的生活能像現實生活一樣富足和幸福。

（魏鎮）

霍去病墓石刻

磐石之志

馬踏匈奴

館藏：茂陵博物館
質地：石
尺寸：長 168 厘米、高 190 厘米
年代：西漢

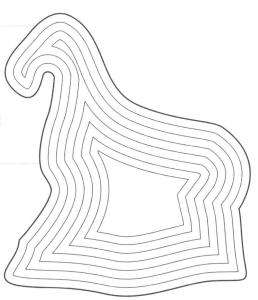

　　漢武帝茂陵不遠處，便是名將霍去病的墓葬，形如祁連山。當年山上的石刻氣勢依舊，紀念和陪伴着中國歷史上的少年將軍。

漢武帝茂陵

霍去病墓

一塊整石淺刻的人，帶着痛苦的表情，像一個問號。當求生存或求生存而不可得，一場戰爭無可避免。

中原肥沃的土地吸引來了怪獸，表情透露着貪婪與兇殘。羊已入獸口，弱肉強食。匈奴是西漢前期在北方草原上興起的遊牧民族，他們控制着西域，強悍的騎兵屢次進犯漢邊界，這是令人畏懼的對手。

石人

怪獸吃羊

這匹隱在石頭中的駿馬，頭上仰，作勢躍起，就像公元前 140 年的漢王朝，16 歲的漢武帝劉徹即位，霍去病出生。漢王朝剛剛建國 62 年，像一匹年輕的駿馬，要躍上世界的舞台。

體形粗壯的石人掐着一隻兇猛的野熊，昭示着戰爭的驚心動魄。驃騎將軍霍去病在千里大漠中閃電奔襲，六天轉戰匈奴五部落。這位 19 歲的少年，孤身進入敵人的營帳，一個人卻彷彿擁有千軍萬馬，讓帳外四萬兵卒、八千亂兵歸順大漢。

一匹威武的戰馬氣宇軒昂，凜然難犯。馬腹下的匈奴人仰臥在地，右手持箭，左手握弓，垂死掙扎卻無法動彈。

躍馬

人與熊

馬踏匈奴

公元前 119 年，21 歲的霍去病祭天封禮於狼居胥山，封地禪禮於姑衍山。之後，霍去病一直打到翰海，也就是今天的俄羅斯貝加爾湖。經此一役，「匈奴遠遁，漠南無王庭」。漢王朝從此可以直面更遼闊的世界。

司馬遷形容這閃電般存在的生命：「直曲塞，廣河南，破祁連，通西國，靡北胡。」閃電耀眼，閃電短暫。公元前 117 年，23 歲的霍去病英年早逝。

伏虎　　　　　　　野豬

臥象　　　　　　　起馬

　　石雕無聲，荒野長吟。這些拙樸、粗獷的石刻，不同於後世的寫實風格，是漢代藝術的傑作。石不朽，磐石之志永存。亦如閃電的生命在大地上消失的那一刻，石頭裏的生命浮現出來。一塊岩石刀刀劃過，時間在它們身上碰撞，便鐫刻出了故事。

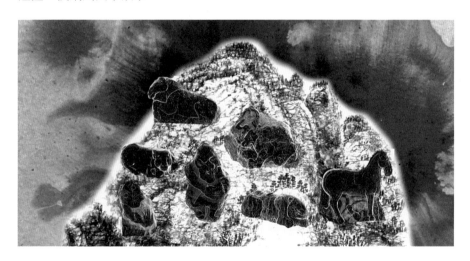

少年將軍的豐碑

　　霍去病是西漢抗擊匈奴
的名將，作為大將軍衞青的
外甥，他 16 歲就跟隨衞青
擊殺匈奴。霍去病曾六次出
兵塞外，均得勝而歸，其中

石魚

以祁連山一役最為著名。他擊敗匈奴主力，不僅保衞了大漢西北邊境的安全，
更打通了河西走廊的通道，促進了漢王朝與西亞各國的經濟文化往來，為我
國多民族統一國家的形成與對外交流奠定了良好的基礎。因功高，他被武帝
封為大司馬驃騎將軍、冠軍侯。然而霍去病在 23 歲便英年早逝，武帝十分悲
痛，詔令其陪葬茂陵，用天然石塊將墓塚壘成祁連山形，象徵霍去病生前馳
騁鏖戰的疆場，以此銘記他的赫赫戰功。墓前放置的大型石刻羣，既是紀念
少年英雄的豐碑，也是漢代石刻藝術的瑰寶。

　　根據文獻記載，中國在秦代已有陵墓石刻，但遺存下來的作品卻以西
漢時期的為最早。霍去病墓石刻是目前我國保存的古代大型石雕中時間最
早且最完整的石刻藝術遺產。現存石刻共 16 件：馬踏匈奴、臥馬、躍馬、

馬踏匈奴

蛙

石人、人與熊、怪獸吃羊、野豬、伏虎、臥牛、臥象、蛙、蟾、石魚兩件、石刻題記兩件。

除石刻題記之外，其他14件石刻的雕刻技法、造型風格並不一致，由此可以推斷，它們具有不同的功能和意義。「馬踏匈奴」是其中完成度最高、雕刻方式最複雜、主題最清晰的作品，匈奴人形象經過了精細的刻畫，應當是承擔了表功的功能。「怪獸吃羊」「人與熊」「石人」等表現匈奴草原生活的雕刻，只是在天然岩石上略加雕飾，或許是為了達到「象祁連山」的目的而作的。「臥馬」「臥牛」「伏虎」

戰國　狼噬牛紋金牌飾

等動物石刻形態上呈大體相似的伏趴狀，有人認為是觀賞用，也有學者認為它們是儀衛神獸的雛形。「石魚」「蛙」上部平整，可能是建築構件。

漢　玉豬

多元文化的融合

　　除了功能不一，霍去病墓石刻還受到了多元文化的影響，最明顯的是來自北方草原文化的影響。石刻中眾多的動物題材，帶有濃郁的草原藝術風格。牛、羊、馬等是遊牧民族長期飼養的動物。各種形態的野獸、怪獸及牠們相互撕鬥、捕食家畜的場面是草原弱肉強食生活的真實反映。人與猛獸搏鬥的造型表現了草原民族勇猛強悍的性格和想征服自然的野心。這些動物主題在中原藝術中不常見，卻是草原文化的藝術創作風格，在北方遊牧民族的文物中經常能見到。比如出土於內蒙古的戰國時期金牌飾，其上的狼噬牛紋就與怪獸吃羊有相似之處。

　　如果說題材上體現了草原文化的因素，那麼雕刻手法上就看出了中原文化的影響。先秦的玉石雕刻工藝被應用到了石刻藝術中，使得石刻的線條簡潔明快，線刻技法也更加成熟。霍去病墓石刻的手法明顯借鑒了玉器的製作方法，如石蟾的眼型與商代玉蟬的眼型一致；利用天然石塊的形狀因勢象形，去掉繁瑣的裝飾，只施加簡單線刻的風格也與簡潔生動的漢代玉豬、玉蟬等有異曲同工之妙，體現了於中原玉文化共同的審美取向。

漢　玉蟬

　　飄逸浪漫的楚文化風格，在霍去病墓石刻中也有所反映。「怪獸吃羊」「人與熊」兩座石刻都是浪漫主義色彩濃厚的作品，誇張而又富有想像力的形象和表現形式，使人聯想到奇異神秘的楚文化。身份難辨的怪獸造型正像楚地神話中的奇珍異獸，具有流動感的線條呈現出驚心動魄的藝術感染力也是楚文化藝術的顯著特徵。武帝時期的西漢帝國以開放包容的姿態展現了強大的氣魄，體現在藝術上也具有多元文化交融的面貌，霍墓石刻正是遊牧文化、中原文化與楚文化相互借鑒、交流融合的產物。

　　與後世精雕細琢的陵墓石刻相比，以霍去病墓石刻為代表的西漢石刻藝術特色是古樸稚拙、氣魄雄渾。動物造型並不特意追求形似，而是循石造型，因材施藝，選取與所雕動物輪廓相似的石料，借用石塊天然的起伏形態進行削鑿，用寥寥幾刀突出能表明動物種類的體態特徵，使得浮雕、圓雕、線刻等技法與整石結合自然，渾然天成。石刻造型雖然簡單，但正體現出天真拙樸的原始魅力，自然原石的質感與體量得以保留，也使石刻大氣磅礴，極富氣勢。

西漢　鎏金銀竹節銅熏爐

西漢　彩繪狩獵紋陶博山爐

放置這樣一組大型石刻羣在墓塚之前，有甚麼目的呢？學界比較主流的觀點是「記功說」。霍去病的墓塚仿祁連山形，以紀念他的戰功，雕刻野獸和牲畜放在「山」上，是為了增強「祁連山」的真實性和山區氛圍。還有一種「仙山說」，也得到了不少學者的支持。這種觀點是將霍墓置於西漢流行的神仙信仰語境之下，將其與同在茂陵出土的博山爐聯繫起來，認為霍去病墓象徵着「仙山」，石刻和博山爐上的動物一樣，是出沒在山間的異獸。石刻的功能不在記功，而在於構建虛擬的神仙世界，來表達長生不老的心願。

　　雖然石刻的目的尚無定論，但這批作品的歷史意義和藝術價值是毋庸置疑的。以「馬踏匈奴」為代表的石刻昭示了大漢王朝的強盛實力和民族精神。在中國墓葬文化中，它是中國陵墓巨型石刻藝術的開山之作，對此後中國歷代陵墓石刻有深遠影響。在中國美術史上，它是中國古代石刻藝術的瑰寶，古拙雄渾的風格使後世的創作思維深受啟發。

（王雨夙）

五星出東方織錦護臂

五星出東方利中國

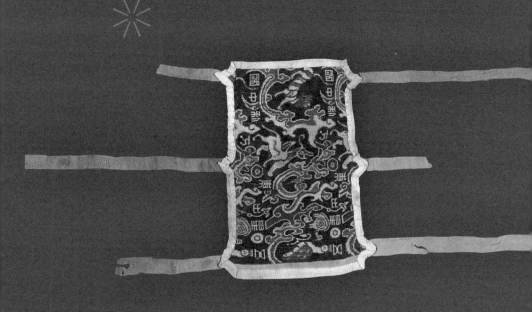

五星出東方織錦護臂

館藏：新疆維吾爾自治區考古研究所
質地：織錦
尺寸：長 18.5 厘米、寬 12.5 厘米
年代：漢

　　大地的經緯縱橫交疊，標識出山川和城市。坐標連接，足跡踏成道路，
示意來處，遙指去向。來自東方和西方的風在每一個路口相遇。

古橋遺址和尼雅古河道

佛塔遺址

尼雅遺址

M3、M8 木棺出土地

　　崑崙山北麓，一條雪水匯聚而成的河流在沙漠深處失去蹤跡，河道盡頭的風沙下掩蓋着神秘的精絕古國。1995 年，中日聯合考古隊在尼雅遺址發現大量織物。1 號墓地 8 號墓中的男性貴族周身穿戴華貴的服飾，右臂旁的一枚方形護臂保存完好，引人注目。護臂主體裁剪自五重平紋經錦，邊緣有六條綁繩，藍、綠、紅、黃、白，五色經線織出雲山、星象、草木和鳥獸，紛紜色彩裝扮了主人的手腕。山石雲氣與奇禽異獸的組合在漢代寓意仙境，是流傳四海的裝飾母題。漢風西傳，這件護臂或許是中原王朝給精絕古國的饋贈。

五星出東方利中國織錦護臂出土情況

　　織錦的紋樣間自右及左橫列八個篆體文字——「五星出東方利中國」，這是一句吉利的占星語。五星，即金、木、水、火、土，也稱太白、歲、辰、熒惑和鎮。地分九州，中國指的是中原。人們相信，每當五星匯聚，輝耀東方，大漢就將安寧昌盛。絲縷的疊加構成錦緞，顏色的集合拼出畫面與文字，美好的願望，濃縮成千絲萬縷，被細密編織進這一掌見方的精緻裏。

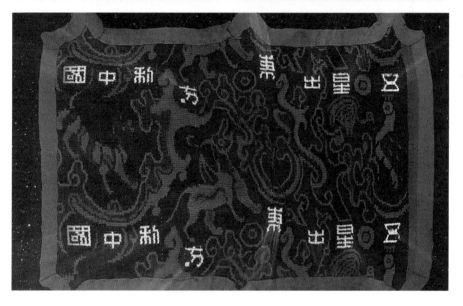

　　五星錦每平方厘米經線 220 根，緯線 48 根，絲之纖細，線之密集，都展現了公元 2 至 3 世紀最傑出的絲綢織造工藝。四川成都老官山漢墓出土的四台蜀錦提花機模型，為今人復原逝去的神機提供了線索。2018 年，中國絲綢博物館依照漢代的技術，使用原始的工藝仿製五星錦，歷時一年多終於完成，全幅的畫面和完整的語句再一次綴合在世人眼前。

東漢　人像藍白印花棉布

　　絲綢，像強勁的東風，出塞遠行。與此同時，毛、棉織物則像西風，與東風相逢在路途。新疆地區的絲路遺址不僅保存了錦緞，還容納了多元的域外因素。織有人馬和武士圖案的緙毛，印有豐饒女神的棉布，無不折射着來自異邦的陌生風景，裹挾着濃郁的他鄉氣韻。

　　世界文明猶如繽紛多彩的絲線，廣袤河山彷彿從未停歇的織機，在東風和西風的吹拂下，編織至今。經與緯，線與路，古與今，在沙海古道上，我們看到了你，也遇見了自己。

漢代　藍地人首馬身紋毛布

五行、天象與「中國」盛世

這方織錦護臂不過半尺有餘，但細研其形制，卻能領會到中國古代玄學的核心智慧，以及古人對天文、氣象學樸素的認知。

從色彩上看，織錦由白、綠、青、赤、黃五色絲線組成，這五色分別對應着五行中的金、木、水、火、土，這些元素正是中國古代思想家用以構建萬物存在的基本物質。五行學說樸素的唯物主義理論不僅綿延於我國數千年根深蒂固的價值觀和世界觀，更成為了歷代統治階級處理政務的重要依據和統治手段，所謂「行者，順天行氣也」，他們相信只有順應「五行」而行事，才能算是順應天命，也終將能迎來繁華的太平盛世。於是，有關五行的各種隱喻、學說和圖像等大量出現，體現在古代林林總總的社會、生活百態中。除了使用「五色線」，該織錦上穿插織入的鳳凰、鸞鳥、麒麟、白虎等瑞獸以及日月山河等圖案，也有隱喻陰陽五行的意味。

但最值得關注的還是穿梭在各種圖案中的八個篆隸小字：「五星出東方利中國」。此處「五星」不僅與五行學說相對應，更是代表了古代天文學的發展以及統治者對占星、卜筮的信仰。根據《史記 · 天官書》的記載：「五星分天下之中，積於東方，中國利；積於西方外國用（兵）者利」。意為：五星同時出現在東方，則為大吉天象，天運利於中國（漢代，「中國」主要是指定居居民以漢族為主的「中原」，與今日「中國」的含義不同）；如果五星同出於西方，則運勢轉向利於外國，作為中原，需警惕對方發兵。然而，五星同出東方的天象極其罕見，清代的康熙皇帝就明確地表示：五星在天上的運轉度數不同，速度各異，無法聚於一宿。雖然史書有所記載，但是終不可信。這也從側面反映出：隨着我國科學技術水平的進步和人們認知水平的提高，到了清代，國家的最高統治者已經對基礎的天文知識有着較為科學的認識，並

對星象占卜術保持有較為冷靜、理智的態度，並不一味盲從。可以說，這也是我們歷史文明不斷進步的具體表現。

「五星出東方，利中國，誅南羌，四夷服，單于降，與天無極。」
（陰影部分為護臂和殘片位置）

西域古國的吉祥「錦繡」

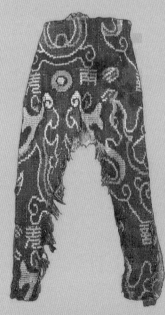

「誅南羌」織錦殘片

作為漢代西域古精絕國所屬的尼雅考古遺址，出土「五星出東方利中國」錦護臂的墓葬中同時出土了許多精美的物品，包括陶器、鐵器、漆器、弓矢、紡織品、料珠等，其中就屬紡織品最有特點，完美呈現了在當時中西方交流的過程中文化的碰撞和交融。

尼雅遺址墓葬中出土的紡織品主要為男、女墓主人的服飾（包括長袍、面衣、錦帽、護臂、手套、帛魚、錦帶、靴子）、枕、被、毯等。

「王侯合昏千秋萬歲宜子孫」錦枕中內裝乾草，四角用絲線作穗。織錦用變形的雲紋和茱萸紋裝飾，其中織出小篆字樣，其中「昏」就是現代漢語中的「婚」字，這是中原地區專門為王侯婚禮織造的錦緞，所以推測枕頭的主人應該是精絕國王。另一個墓出土的枕頭造型獨特，它兩端翹起，中間寬厚處凹陷，一邊是栩栩如生的雞頭，另一邊是雞尾。若人的頭部枕在中間，剛好會讓枕頭的雞頭和雞尾高高翹起，如同打鳴的公雞。它的名字便叫「雞鳴枕」，是用織有「延年益壽大宜子孫」

「延年益壽長葆子孫」錦

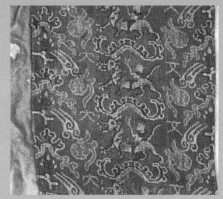

「文大」錦

的紅色錦緞製成。其中，男屍下頜用素絹帶托緊緊繫紮，頭頸部蓋絹質面衣，身體以彩色毯子嚴實包裹，身着右衽長袍，右臂着「五星出東方利中國」織錦護臂，腰紮寬彩帶，袍襟邊緣裝飾有寬約 13 厘米的「文大」錦、「延年益壽長葆子孫」錦、「宜子孫」錦及「安樂繡文大宣子孫」錦聯結縫綴。值得注意的是，墓葬中有一塊織錦，其織造結構、紋飾、材質等與「五星出東方利中國」織錦護臂完全相同，上書有「討南羌」三字。據推測，這塊織錦可能在織造時與「五星出東方」文織錦為同一塊面料，錦上全文應為「五星出東方利中國……討南羌……」。「南羌」一詞最早見於《漢書 · 地理志》，尤指活動於祁連南山及以河湟為中心的羌族人，而「討南羌」一詞出於中原王國對於平定西域的熱烈訴求和希望，如尼雅遺址織錦上的諸多文字一樣，也是祈福吉語的一種。

來自遠古的祝福

那麼這條「絲綢之路」的東方源頭究竟是何處呢？就尼雅遺址出土的這批織錦來看，如今的四川蜀地應是它們的來處。同時，四川也是當時紡織業最為發達的地區之一，集結了最優秀的織工以及最先進的織造技術。絲綢之路的一端，牢牢地繫在了我國西南地區的這片錦繡土地上。

而名貴的中原蜀錦輸出西域，在歷史上又承載着怎樣的政治意圖呢？鈎沉史籍，漢王朝為了平定西域，曾不同時期、不同程度地對西疆的許多國家採取了多種政治方略，「戰爭」「和親」和「饋贈」是比較常見的手段。而尼雅遺址中出土的「五星出東方利中國（討南羌）」蜀錦，則應是出自於漢代皇室饋贈給精絕國統治階層的高檔禮品，並與平定羌亂息息相關。

我們可以大膽地推測：這位擁有該織錦護臂、深目高鼻的男子，也許在生前曾身份顯赫、征戰疆野，並在東西聯盟、討伐南羌的戰事中擔任過要職。而這方聯結了東西方絲綢之路，擔任維護中原和西域和平與穩定的織錦護臂，陪伴着主人經歷了劍拔弩張，度過了戎馬一生，並最終靜靜地陪伴着他躺在黃沙荒漠中，等待了漫長而孤獨的千年歲月。也許他們是在等待最好的時機，等待着五星紅旗升起在中國天空時，發出來自遠古時代的西疆送給東方大地最光輝而又溫暖的祝福。

（彭曉雲）

四神紋玉鋪首

青龍白虎朱雀玄武

四神紋玉鋪首

館藏：茂陵博物館
質地：玉
尺寸：高 34.2 厘米、寬 35.6 厘米、厚 14.7 厘米
重：10.6 公斤
年代：西漢

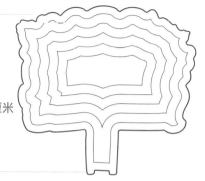

　　鋪首銜環常用作大門上的門環，但這件茂陵博物館的玉鋪首卻絕無僅有。雲氣繚繞間，現出獸面端嚴威武，雖銜環缺失，卻氣勢猶存。背面凸起的長方形鈕上有方孔可穿榫。再仔細看正面，雙目炯炯有神，頭部的雲氣紋裏依稀可辨有動物形象隱藏其中。尊貴的龍，兇猛的虎，吉祥的神鳥，還有一對龜蛇合體。它們是天生的組合，有個霸氣的名字：四神。

仰望星空，帶給古人視線之外的想像。28 個星宿中，東、西、南、北四方的每 7 個星宿，組成天上的四種神獸。天之四靈，以正四方。四神就是四方的象徵和守護者。青龍，又稱蒼龍，是東方之神，顏色為青，五行屬木。白虎是西方的主宰，顏色是白，五行屬金。朱雀是一隻紅色的大鳥，統領着南方，五行屬火。玄武，是神龜與靈蛇合體，位於北方，五行屬水，顏色是中國古代特有的玄色，黑中帶紅。

　　在兩千多年前的漢代，天地相應。人們把四神投影到地上，需要區分東西南北的地方，就有它們的存在。行軍打仗，四神奔騰如風。在獵獵招展的旌旗上，朱雀領前鋒，玄武居後衛，左翼青龍，右翼白虎。一場仗打下來，前後進退，與天同在。

　　四神浮現塵世，營造城池、宮殿時，人們把它們刻在瓦當上，標示方位，護佑一方平安。四神遊走在石碑上，潛入墓室之內，盤旋在一面小小的銅鏡上。有方向的地方，就有它們的身影。它們是離人們最近的神，守護着人們的四方。

　　這是靈動的四方，鋪首上的四神紋歡快地跳脫了原本的方位。南北兩神右旋後，適合地佈置在獸面兩側，似在祥雲裏飛騰翱翔。怒目利齒的獸面，眉目間也流露出幾分柔情。一切都在藝術的浪漫中被漢人的雙手活化。

　　玉石，大地的精華。當雕刻者把天上的青龍、白虎、朱雀和玄武雕刻在這塊玉石上的時候，玉石又秉承了天象。也許古人把它們想像成天空之門的鋪首，即使在眼前，我們也需要仰望四神遨遊的天際。這塊藍田玉上的四神安在，這是一片碧綠的天空，奔騰、飛翔、盤旋、靜默的四神，指引着地上的方向，也望向天外的世界。

銅鏡上的四神紋樣

四神瓦當

墓室中的四神圖案

罕見的玉鋪首

　　鋪首是古代器物或大門扇上銜圓環的底座，因常以獸首為造型而得名。鋪首與獸面口銜的圓環合起來，稱為「鋪首銜環」。在器物上，它是提手；在大門上，它起到把手和扣門的作用，是兼具實用性與裝飾性的構件。威嚴猙獰的獸面不僅具有裝飾美化的作用，還被用以驅鬼辟邪。

商代　牛首獸面紋尊

　　根據學者的研究，鋪首的獸面紋樣與良渚文化玉器上的獸面紋及殷商青銅器獸面紋有承繼關係。殷商時期的獸面沒有銜環，只是以立體浮雕形式出現在器物的頸部或腹部。西周早期，鋪首與銜環才結合出現在器物上。而鋪首銜環應用於門上，則最早出現在春秋戰國，漢代成為普遍現象。「鋪首」一詞也最早出現在漢代文獻中。《漢書・哀帝紀》：「孝元廟殿門銅龜蛇鋪首鳴。」唐顏師古注：「門之鋪首，所以銜環者也。」漢代厚葬之風盛行，鋪首銜環不僅出現在陽宅和日用器上，更現身於陰宅墓葬之中，以求護佑墓主的平安。畫像石、墓門、隨葬明器上都能見到它們的身影。

　　鋪首做成獸面形，源自遠古先民對獸類的崇拜，兇猛矯健的野獸是人們心中力量的象徵。殷商尚巫，此階段青銅禮器上的獸面鋪首紋樣複雜，猙獰恐怖，帶有神秘的原始宗教色彩。西周至春秋戰國時期，狂熱的鬼神崇

拜消退，獸面鋪首帶着辟邪祈福的作用保留下來，與圓環相結合，發展為程式化的「鋪首銜環」。到了漢代，鋪首的形象不單只有獸面，而是與四神、伏羲女媧等紋飾組合出現，呈現出對死後理想世界的浪漫構想，是漢代讖緯迷信思想的反映。

西周　虢季子白盤

鋪首大部分為金屬質地，多為銅製，以金為之稱為「金鋪」，以銀為之稱為「銀鋪」。如司馬相如《長門賦》中：「擠玉戶以攠金鋪兮，聲噌吰而似鐘音」。玉鋪首是漢代才出現的新型玉器，十分罕見。

此件鋪首呈青色，玉質瑩潤。經專家鑒定，它的礦物成分、色澤、外觀組織、比重、硬度等與現在被稱為「藍田玉」的礦石很相近，推測是用古代的藍田玉料琢製而成。它的發現對玉雕工藝和玉料產地的研究都有重要意義。

四方保護神

四神是中國古人信奉的四方之神，它們是四種被神化了的靈獸，即青龍、白虎、朱雀、玄武。四神象徵着方位、季節、顏色，滲透進社會生活的各個方面，既是四方的主宰神，也是人的守護神。

四神的起源大約在春秋戰國時代，在二十八星宿體系形成之後出現。古人將二十八宿劃分為東、西、南、北四組，每組以一種動物為代表。至漢代，

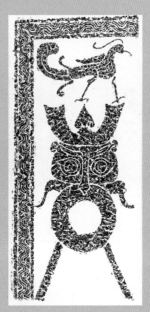

隋煬帝墓出土鎏金銅鋪首　　　　　漢代　朱雀、鋪首銜環畫像

陰陽五行學說盛行，四神與木、金、火、水四元素，春、夏、秋、冬四季，青、白、赤、黑四色相配，構成一個完整的思想體系，青龍、白虎、朱雀、玄武的形象也由此基本定型。

在古人的宇宙觀中，天、地、人是一體的，彼此對應且能相互感應，因此地上的方位也要與天上的四方神對應，以求天地相應。《禮記·曲禮上》曰：「行，前朱鳥而後玄武，左青龍而右白虎。」即是在行軍之時，將四神分別畫在旌旗上，以此來表明前後左右之軍陣，達到壯大威儀、鼓舞士氣、祈求戰無不勝的目的。

除了是四方的象徵，四神還具有鎮凶辟邪、守護平安的吉祥寓意。兩漢時期，四神圖像遊走於瓦當、銅鏡、畫像磚石、墓葬壁畫之上，全方位地護佑人們生前身後的安寧。根據漢長安城南郊禮制建築遺址的發現，「四神」瓦當裝飾在圍牆四面的門上，東門使用青龍，西門使用白虎，南門使用朱雀，

北門使用玄武。由此可見，在建築上，四神紋瓦當通常被放置在各自代表的方位上，起到辟邪祛災的作用。而在墓室之中，四神則是墓主人的四方守護神。這枚茂陵出土的玉鋪首上裝飾四神，就是希望四神能一直守護漢武帝。

茂陵大門守衛者

今陝西省興平市東北，有一座氣勢恢宏的帝王陵寢，那就是漢武帝劉徹的茂陵。茂陵是漢代帝王陵墓中規模最大、修造時間最長、陪葬品最豐富的一座。

這件鋪首的出土位置，在距離漢武帝茂陵封土約一公里處，正是外城牆附近，因此它有可能是用於外城城門之上。如果此推測屬實，外城的裝飾就已經是這般華麗，可想而知，陵園內部的建築又該是何等的宏偉壯觀、金碧輝煌。然而，受時代變遷、戰亂等因素的影響，茂陵陵園的封土，包括陵園建築的圍牆，可能都經過了嚴重的擾動。這件四神紋玉鋪首也有可能是茂陵地宮墓門上的一個裝飾品，被人為移動至陵園附近。

無論如何，一件門上的裝飾，用料都能夠如此質地精良，雕工如此精美繁複，可見茂陵的奢華程度。漢武帝在位時是西漢王朝的鼎盛時期。史書記載，茂陵地宮內的陪葬品極為豐厚豪華。《新唐書‧虞世南傳》記載：「武帝歷年長久，比葬，方中不復容物。」即是說，武帝在位時間長，到下葬之時，陵中已沒有空間放下更多寶物了。出於保護文物的目的，茂陵地宮尚未被開啟。但透過這件四神紋玉鋪首，我們已可以想見西漢國力之強盛。這枚鋪首或許不僅為漢武帝叩開天宮之門，引導其靈魂飛升成仙，也為我們叩開了歷史的大門，使我們得以一窺那個輝煌絢爛的大漢王朝。

（王雨夙）

熹平石經
破碎與重聚

熹平石經 · 易經殘石

館藏：西安碑林博物館
質地：石
尺寸：長 31 厘米、高 66 厘米
年代：東漢

　　依稀的文字，飽經滄桑的殘石，分藏在全國多家博物館，雖相隔千里，卻是出自同一組石碑。它是現今留存最早的官方定本石經，東漢熹平石經。雙面刻字，不是一塊，而是一組，共 46 塊，內容為儒家七部經典，全輯 20 多萬字，史無前例。

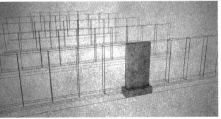

古埃及的羅塞塔石碑刊刻了法老的詔書，古巴比倫人刻制了漢謨拉比法典，中國人在石頭上鐫刻了一套儒家經典。

古埃及　法老的詔書

古巴比倫　漢謨拉比法典

漢代開始，普通人可以通過學習提升自己的社會地位。儒家經典作為官方法定教科書，成為指導社會發展的倫理道德典範。官學私學規模空前，制定的教育制度模式沿用至今。當時，印刷術尚未發明，經書典籍傳播主要靠抄寫，時間一長，難免出錯。漢靈帝熹平四年，議郎蔡邕等人奏請校訂儒家經典文字，刻一套範本立於太學，以供刊誤訂偽。此舉轟動全國，讀書人紛紛前來捶製拓片作範本，不僅校對內容，亦學書寫。熹平石經全文以當時官方正體字寫就，是漢隸成熟期的頂峰之作，在中國學術史和書法史上都堪稱鴻篇巨制。

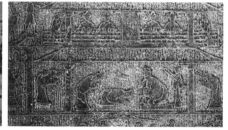

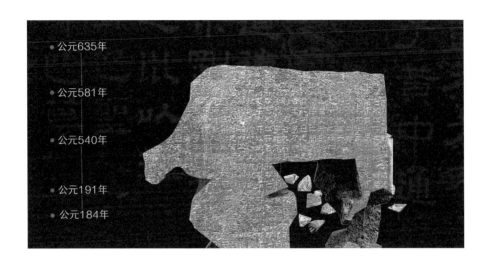

公元635年

公元581年

公元540年

公元191年

公元184年

　　天有不測風雲，石碑也有旦夕禍福。熹平石經刻成的第二年（公元184年），便爆發了戰亂，七年後（公元191年），董卓焚燒洛陽宮廟，太學荒廢，石經遭到破壞。魏初有所修補，之後它便顛沛流離，南北朝時期（公元540年），北齊的高澄將石碑從洛陽遷往鄴都，結果半路上掉進水裏，運至鄴都的還不及一半。隋代（公元581年）石碑又從鄴運往長安，卻被用作柱礎。唐貞觀時（公元635年），魏徵去拯救這批石經，已十不存一。再以後就僅剩些拓片和零星出土的碎石殘片，如一串斷線的珍珠，四佚鄉野。

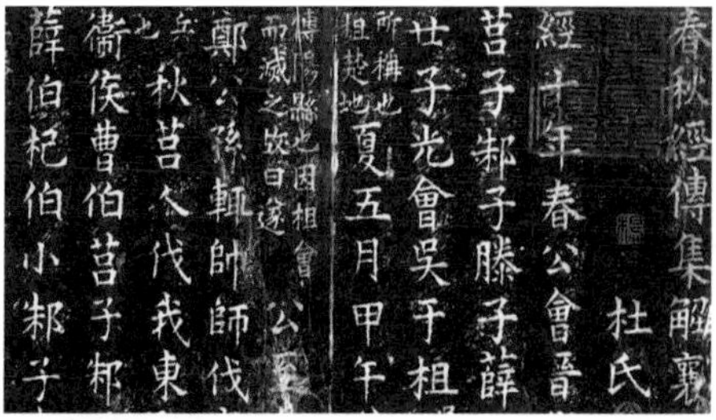

蜀　廣政石經　拓片

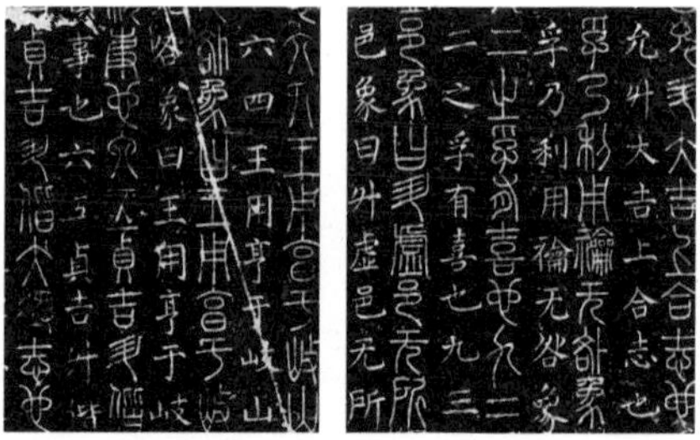

北宋　嘉祐石經　拓片

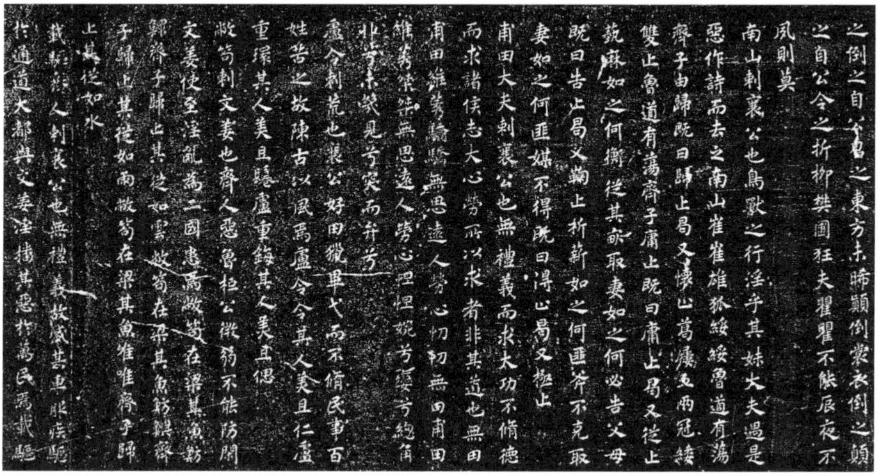

南宋　臨安石經　拓片

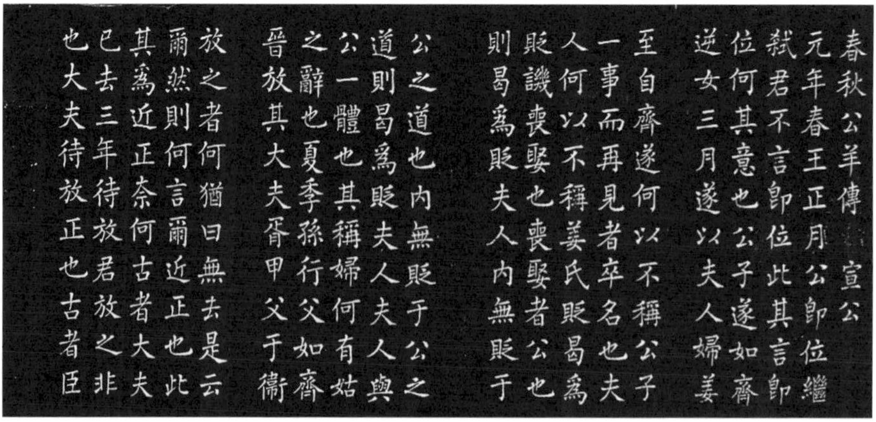

清　乾隆石經　拓片

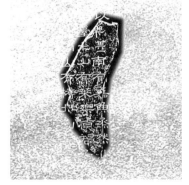

可以看出，這塊熹平石經上的內容是《易經》。漢字歷經演化，有繁簡之別，有通假之異。文字是文明傳承的根本，前人所以垂後，後人所以識古。熹平石經開創了文字校正之先河。此後，歷代都有官方刻石，宣佈經文定本。石碑是中國古典文化的強大載體，成為梳理傳統文化的重要憑據。漢人早已用行動表明，回溯，是為了接近本真。

石頭冷硬，字藏深意。它召喚着歷代有心人，將殘片從各處找尋。如今，我們已經收集到八千多個熹平石經文字。一片一塊，一字一句，等待破碎後的重聚。

千年聚散　文明傳承

熹平石經自刻製以來，雖顛沛流離，支離破碎，但卻始終堅守着對經典的傳承。

唐代除魏徵徵集以外，在營建東都洛陽時亦出土大量石經殘石。據《尚書故實》載：「東都頃年創造防秋館，穿掘多蔡邕鴻都學所書石經。後洛中人家往往有之。」

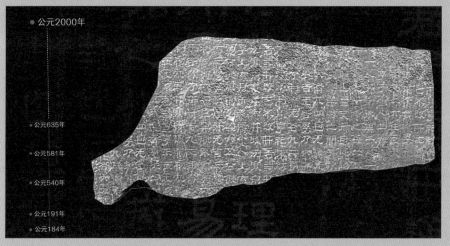

熹平石經逐漸走出官方視野，作為古董珍玩，四散民間。

然而石經若束之高閣，便失去了它本身的意義。「唐之原石」除極少量傳世外，皆湮沒於歷史的煙塵中。

宋嘉祐年間，洛陽、長安再次出土不少石經殘石。方勺《泊宅編》記載：「石經殘碑……往年洛陽守因閱營造司所棄碎石，識而收之，遂加意搜訪，凡得《尚書》《儀禮》《論語》合數十段，又有《公羊碑》一段，在長安，皆殘闕已甚。」

此時正逢金石學興起，文人士大夫愛好著錄金石，以此追慕三代古風，發思古之幽情。「熹平石經」雖不屬三代，但因其為官方釐定，對儒家經典的

記載真實可信，因此在隋唐時期流散各地的原石拓本此時也得到輯錄。

　　歐陽修、黃伯思、趙明誠、洪適、晁公武……這些兩宋時期林林有名的金石學大家都曾著錄過熹平石經。例如洪適的《隸釋》將唐代傳拓的殘文進行輯錄，使得這部分石經「形雖滅，神尤在」，後人依然能知其內容。而趙明誠更進一步，利用熹平石經上的文字大膽質疑當時流傳的經文內容錯誤叢生，他在《金石錄》中曾寫道：

　　「以世所傳經書本校此遺字，其不同者已數百言，又篇第亦時有小異。使完本具存，則其異同可勝數邪？然則豈不可惜也哉！」

曹魏　三體石經

　　熹平石經上靜穆莊嚴的漢隸，給了趙明誠的質疑經典的底氣。但是這一聲呼喊，並未迎來西歐宗教改革那樣訂正經典的思潮。趙明誠的疑問將承載於石經之上，等待後人的解答。

　　而在宋代嘉祐以後，不論正史、野史，均不見石經出土、著錄的記載。熹平石經自此消失在人們視野當中。「唐之原石，宋之精拓」成為了價值連城的珍寶，若誰收藏了宋拓，一夜之間就可名傳天下。

　　轉眼來到民國十一年（1922 年），距離洛陽城東 15 公里的朱家圪壋村出土了一大批帶字的石碑，學者考之乃知，這些碎石是曹魏的「三體石經」。過了不久，又傳出「熹平石經」殘碑重現人間的消息，一時震動海內，有識之士紛至沓來。

　　最初的來訪者多是些古董商，他們於農家收購，後來殘碑價格節節攀升，他們開始蓄意盜掘。由於時局動盪，這些殘石出土後多散於收藏家之手，僅

有少數殘石倖存，大半已不知所蹤。

　　所幸石經再現，又恰逢其時。晚清民國時期，金石學又再度興起，並深受乾嘉學派影響。不同於宋儒的「追慕三代」，乾嘉學派的有識之士利用金石學材料進行辨偽考異，以實證精神對儒家經典進行詮釋。這是一個人才輩出的時代，錢大昕、王念孫、吳大澂、俞樾……皆是震古爍今的博學鴻儒。石經一經出現，就引起金石學家們的強烈關注。學者們不斷搜集網羅當時所能見到的所有殘石，反覆傳拓，編印書籍進行著錄。例如羅振玉一年之內編纂《漢熹平石經殘字集錄》9次，其後又不斷增補，不斷匯總；馬衡窮畢生之力，將所收集的漢代石經拓片整理順序，以文字考訂傳世文獻，終成皇皇巨著《漢石經集存》。在時局動蕩的年代，他們依然堅守國粹，面對艱難困苦，他們卻毫不休息。面對這些石經，馬衡先生曾激動地寫道：

　　「宋人錄熹平石經多至千七百餘字……不意後八百年，更得此數百字。吾輩眼福實過宋人，何其幸歟！」

　　除了躍然紙上的喜悅，今人更能感受到當年學者們一心一意傳承文明的赤子之心。

《漢石經集存》

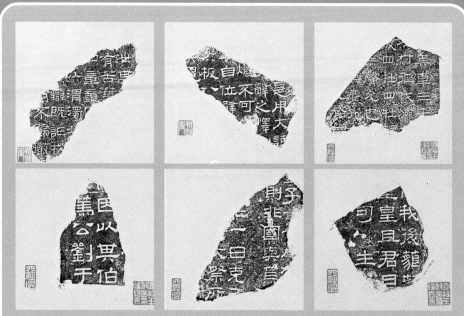

羅振玉舊藏熹平石經殘字集存

隨着西方科學的引入，學者們亦開始採用文獻學方法對熹平石經進行科學研究。通過將石經內容與傳世文獻對比後發現，兩者文字上的相互齟齬，多因先秦經典以簡牘為媒介，簡牘一旦散亂，就會「張冠李戴」。可是漢儒各承師法、恪守章句，不敢有所改動，致使文中的錯誤遺留千年。

八百年前的「趙明誠之問」，也因此得以解答。

20 世紀 70 年代，中國社會科學院考古研究所在偃師市佃莊鎮太學村展開考古發掘，出土漢石經殘石 661 塊。它們被妥善安置在博物館與研究機構，相關研究不斷問世，熹平石經迎來了新的生命。這一片片承載着文明的石經，相信終有一天可以團圓。

從這些嚴整規範的漢隸中，我們看到了華夏文明的堅韌。雖然歷經滄桑，但卻綿延不絕。

石碑不會腐爛，文明亦當不朽。

（李凱）

孔子見老子畫像石
溯源定本

孔子見老子畫像石

館藏：山東博物館
質地：石
尺寸：高 48 厘米、寬 111 厘米、厚 21 厘米
年代：東漢

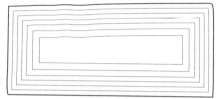

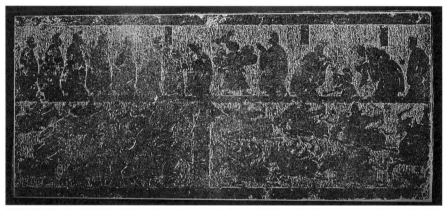

老子　　　　　　　　　　　　　　　　孔子

　　這塊來自漢代的畫像石上，刻畫了春秋時期兩位中國思想家的一次會面：孔子帶領他的弟子拜訪老子。衣袖中伸出大雁頭的人像正是孔子，大雁是孔子送給老子的見面禮。手拄拐杖、面向孔子的是老子。

「孔子見老子」是漢代畫像石的常見題材。畫像石是漢代人雕刻在墓室、棺槨、墓祠、墓闕上的石刻藝術品，是漢代人精神創造的真實寫照。

山東嘉祥武氏墓羣石刻博物館（武氏祠）

東漢　建築人物

孔子和老子生活在春秋時期，一位是儒家思想的開創者，一位是道家文化始祖，但他們見面時還並未有儒道之分，更像是後輩向前輩的請教。

司馬遷在《史記》中詳細記敍了其中的一次談話。孔子前往周都洛陽向老子請教關於禮的學問，老子說：「你說的禮，發明它的人，骨頭都已經腐朽了，只有他的言論還在。君子時運來臨才會出來建功立業，時運不濟，則像蓬草一樣，苟且性命。去掉你的驕氣和過多的慾想，去掉掛在臉上的神采、

孔子見老子畫像石

情態和過高的志向，這些都是對於你的身心沒有好處的東西」。孔子回去後，三日不語，對弟子們這樣形容老子：「見到老子，遠超出我的想像，他就像變幻莫測的龍一樣，無人能識其全貌」。

自漢武帝「罷黜百家，獨尊儒術」，儒家思想佔據統治地位，卻並沒有排斥異己。二位先聖躬身互拜的背後，是兩種思想的交流與融合。漢代人把這個場景刻在磚石之上，置於兆域之中，為的則是銘記和傳承。人類文明因交流互鑒而豐富多彩，民族文化因銘記傳承而綿延不斷。「君子和而不同」「有朋自遠方來，不亦樂乎」「天下萬物生於有，有生於無」「禍兮福之所倚，福兮禍之所伏」。

東漢　武氏祠漢畫像石刻

公元前600年至公元前300年間，古代希臘、古代印度和中國都先後產生了偉大的思想家。蘇格拉底、柏拉圖、釋迦牟尼、孔子、老子等先哲，他們的智慧與人類相遇，構成了多元的世界，這一時期是人類文明的軸心時代。孔子和老子，儒家和道家，他們的哲思就像兩條河流，它們交匯，它們奔騰，它們也流淌在我們的血脈中。孔子和老子的相遇時刻都在發生着，它就是你和世界的相遇，你和你自己的相遇。

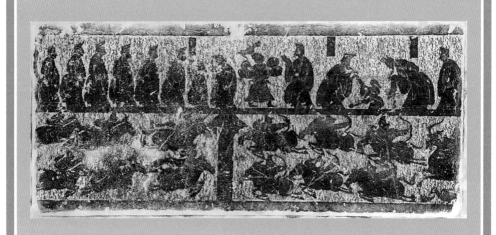

孔老相會——刻在石頭上的先聖美德

　　孔子是儒家思想的創始人，老子是道家學派的始祖，兩位偉大思想家的會面，被記錄於史籍之中，鐫刻在石塊之上，影響了後世千年。尊老敬賢的禮儀、切磋學問的風氣、漢人對儒家思想的推崇，都凝聚在這方畫像石上。

　　畫像分為上下兩層，上層是「孔子見老子」像：畫面右邊有二人相對，躬身行禮，根據榜題，右邊一人為孔子，左邊一人為老子，孔子與老子中間有一小兒，一手推蒲車，一手指向孔子，多被認為是神童項橐。孔子身後有兩人作相對狀，左邊那人頭戴雄雞冠，應為孔子的弟子子路。畫面左邊還刻有 8 人，左 7 人一列向右側面而立，居前一人身材矮小，佩劍，面前一人作恭迎之狀。矮小人物上方有一榜題，有學者辨識為「晏子」。下層是騎兵彎弓射箭的戰爭場面。

　　漢畫像石中，「孔子見老子」圖出土了大約三十餘幅，主要集中在山東、江蘇、陝西三省，河南、四川兩地也有零星發現，其中尤以山東地區的發現最為密集，當與此地是儒學的發源地有關。各地的圖像雖然因為石料粗細、雕刻技藝、審美趣味等因素不同而在構圖形式上有所區別，但主要人物及其形態較為固定，形成了程式化的圖像：孔子躬身向老子行禮，手中或袖中有一隻大雁，老子拄杖相迎，躬身還禮，項橐站在兩人之間，面向孔子，一手推獨輪車，一手指向孔子。其中大雁是見面時的贈禮，見於《儀禮·士相見禮》中「下大夫相見以雁」，這一細節的刻畫，正是對周禮的反映。小兒項橐的出現，則是源於「項橐三難孔夫子」的典故。《戰國策·秦策五》記載：「夫項橐生七歲而為孔子師。」據說項橐是春秋時期魯國的一位神童，他問了孔子 3 個問題，孔子竟然沒有答對，於是孔子拜項橐為師。畫像石中項橐手推的獨輪車，被學者考證為孩童玩耍的「蒲車」，工匠刻畫這個玩具，意在表現項橐的年齡。而他手指孔子的動作，應該就是在向孔子問難。項橐雖然只有 7 歲，孔夫子依然把他當作老師請教，因此漢代工匠將項橐與老子安排在同一側，共同接受孔子的拜見，體現出孔子不恥下問、虛心求教的精神。

　　孔子與老子的會面是著名的歷史事件，史稱「孔子問禮於老子」或「孔老相會」，在文獻中也有諸多記載。《禮記·曾子問》記載孔子曾 4 次向老子問禮。《莊子·天運》《呂氏春秋·當染》《孔子家語·觀周》《史記·老子韓非列傳》《史記·孔子世家》《水經注·渭水注》等不同歷史時期的文獻都記有二人相見之事。而大量發現的漢畫像石則更加佐證了這一事件的真實性。「孔子見老子畫像石」分佈範圍廣大，說明這個典故在兩漢時期流傳甚廣、深入人心，得到了人們的認可。

　　孔子見老子畫像石宣揚的是以孔子為代表的尊老敬賢、謙虛好學的儒家思想美德與精神。兩位先賢躬身互拜、以雁為禮的謙敬之姿，是中國傳統禮儀文化的寫照。孔子向老子與項橐請教，是儒家所提倡的虛心好學之風的反映。值得一提的是，除了老子和項橐，這方畫像石中出現的晏子也曾為孔子的老師。《晏子春秋》記載：「丘聞君子過人以為友，不及人以為師。今丘失言於夫子，夫子譏之，是吾師也。」孔子問禮於老子、被項橐問難、與晏子見面，並非發生在同時同地，漢代工匠將它們合併在同一場景中，是再次強調孔子的好學精神。

　　孔子見老子畫像石是儒道兩大思想派別相互交流、相互補充的歷史見證。儒家與道家雖然有不同的思想主張，但並不是互相排斥的關係，相反，儒家與道家在兩漢時期交流融合，共同成為漢代人民的精神信仰。西漢初統治者奉行「無為而治」的道家思想，漢武帝時雖然接受董仲舒「罷黜百家，獨尊儒術」的建議，但此時的儒術是融合了道家、陰陽五行等學說的「新儒學」。追求長生不老或死後得道升仙的道家思想依然在民間具有影響力，並滲透進

社會的倫理綱常，形成土生土長的道教信仰。儒道兩家的交流互補是中國思想文化的重要內容，而它的開端就是孔子與老子的會面。

儒道的交流共存在畫像石上也有所反映。畫像石是墓室與祠堂、闕等地面建築上的雕刻裝飾，是為喪葬禮俗服務的藝術形式，寄託着墓主人對死後的追求與嚮往。漢畫像石中西王母、東王公、羽人等神話形象，即是道家希冀長生不老，羽化登仙思想的表現。而與這些升仙圖像共出的，包括孔子見老子圖在內的歷史故事圖像，則體現的是儒家思想的教化意義。

歷史故事圖像在墓中出現的意義是「惡以誡世，善以示後」。圖像題材包括聖明君主、聖賢明臣、孝子、列女等符合儒家道德要求的歷史人物，用儒家道德規範來教育後人。漢人將「孔子見老子」圖雕刻進墓室，一方面反映了人們對儒學的崇敬和虔誠，通過先聖的故事表明自己具有或崇尚追求同樣的美德，並希望把這種美德帶入死後世界；另一方面用以垂教後世，望子孫後代能夠銘記傳承先賢的道德操守，將儒家思想發揚光大。

（王雨夙）

長信宮燈

來自漢代的一束光

長信宮燈

館藏：河北博物院
質地：銅鎏金
尺寸：高 48 厘米
重量：15.85 公斤
年代：西漢

　　看見這盞燈，彷彿能夠看見被它照亮的時代。一位西漢宮廷女子，眉眼細長，臉型圓潤，頭上佩戴巾幗，身穿曲裾深衣，跣足而坐。兩千餘年，她未曾挪動一步，卻從西漢啟程，帶來遙遠的一束光明。她為燈而生，兩手持握燈盞，向前投射光亮，身體是煙塵的容器。想像着她的溫度，如同感知到久遠的溫暖。光陰長短如燈火明滅。

漢　鎏金羊燈

1968 年，在河北省滿城縣城西三華里的陵山上，先後發現了兩座漢墓。竇綰是漢文帝皇后竇氏的姪孫女。當墓葬中散落的銅構件被重新組合後，擎燈侍女安然沉靜的表情從塵土中浮現。銅燈內外刻記的多處銘文講述着它經歷的複雜流轉。「長信尚浴」，這盞燈曾在長信宮的浴室裏使用，長信宮燈由此得名。這些銅燈點燃過漢代的暗夜，映照出人心美麗的憧憬。層出不窮的樣式中，釭燈最為奇妙。釭燈造型多為動物或器具，長信宮燈是唯一已發現的人形釭燈。

長信宮燈銘文

一件寶器，一位佳人，從此執手，互為你我，藝術家完成了卓越的設計。女子左手托起底座，右手寬大的袖管自然下垂，扣住托盤，成為燈罩，燈盤上立有兩枚遮光片，盤邊設有手柄，開合與轉動間，可以控制光的照度和角度。

漢 鹿燈

漢 錯銀銅牛燈

西漢時，人們常用動物脂肪製作燃料，燃燒時黑煙彌漫，氣味難聞。釭燈內部的空腔是漢代人實現環保的訣竅。長信宮燈點燃後，煙隨熱氣流順衣袖進入空腔，過程中溫度逐漸下降，煙炱便附着在內壁，避免彌散，保持空氣清潔。燈體的組合部件可以拆卸，底部開敞，便於清洗內部。控制光亮，這尋常的需求被創造出超凡的精緻，在燈盞明滅、煙霧宛轉中，我們見證前人的心意與考量。時間似光，生命如燭，長信宮燈帶來靈動的光亮。

長信宮燈拆解圖

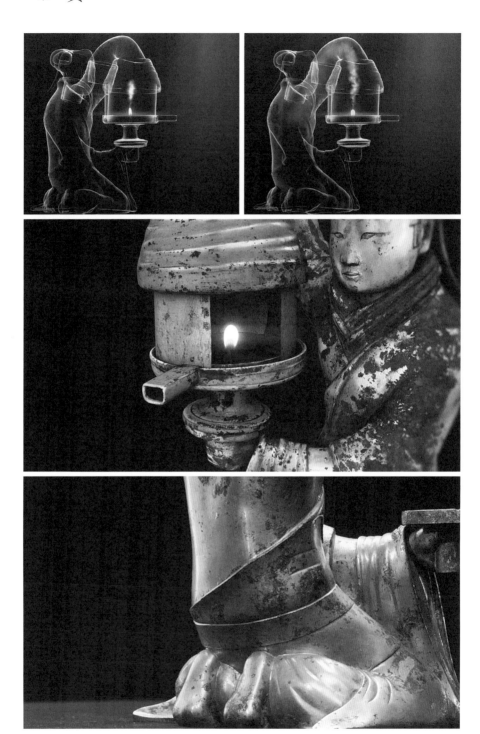

萬物爭奇的漢代燈具

　　生活在現代科學文明中的我們，享受着光電技術帶來的黑夜下的燈火通明，因此愈加難以想像，在遠古時期的洪荒原野下，夜幕降臨後，人們將面臨着怎樣未知而可怖的情境。然而我們的祖先最終通過智慧習得了鑽木取火，獲得了火種，並以此烹飪、防衞、照明，人類也因此取得了更多享受光明的權利。

　　然而，人們經歷了漫長的時間才最終發明出了專用照明的工具——燈。根據現有資料看，我國最早的燈具約出現在春秋時期，但這個階段的照明工具還比較簡單。人們可能是受到當時某些飲食器具，比如「豆」的影響，故將其進行改造，或直接在陶質或青銅豆上燃燒動物脂肪來照明，由此延伸出了「燈」的概念及功能，並逐漸發展出了種類豐富的各式燈具。

拆開燈盤的鎏金羊燈

　　古代的燈具多為陶器、青銅器，也有少量鐵或石質燈具。到了兩漢，青銅燈成為主流，尤其是皇室、貴族階層普遍使用銅燈。漢代銅燈樣式極其豐富，有一些延續傳統的器皿造型，如簡單的盤形、豆形燈，或主體為三足鼎造型的燈；但更加精彩的是那些惟妙惟肖的仿生動物形燈具，比如西安博物院所藏鎏金羊燈，造型為一尊跪臥的雄健山羊，雙角螺旋內捲，頷首直頸，氣質安詳又不乏端莊，合上燈盤，儼然是一件美輪美奐的雕塑擺件。然而若把羊背掀起，便能打開燈盤於羊頭上，開啟它的照明功能，可謂一舉兩得，既能作為純藝術作品進行觀賞把玩，也具有較強的實用功能。其他的仿生形漢代筒燈還有牛形燈、朱雀燈、雁魚燈等，這些燈具造型皆惟妙惟肖，刻畫雕鏤細緻，工藝精良，多出土於貴族墓葬中，並作為重要的隨葬器具。而人物造型的燈具在當時實為罕見，除了「長信宮燈」以外鮮有發現。漢代燈具的設計結構顯然比前朝更加科學、複雜，其中代表最高科技水平的要數「釭燈」。而「長信宮燈」作為西漢「釭燈」中的傑出佳作，且因其獨有的人物造型，不僅代表了當時青銅燈具工藝技術與藝術的最高水平，更是兩漢物質文明史中的一枚珍奇桂冠。

設計師的奇思妙想

甚麼是「釭燈」呢？簡而言之，就是那些身體上帶有長長煙管的燈具。這種設計的燈具最早流行於漢代，一般由燈盤、燈罩、導煙管和承托器組成。其中有一些是模仿古代青銅鼎樣式製作的。如揚州市博物館藏的西漢「鏨刻龍紋銅釭燈」，滿城漢墓出土的「三足鼎形帶罩單管釭燈」，下部承托器皆為三足鼎造型，鼎上有托盤帶手柄，托盤上有可轉動的燈片兩枚，燈蓋上部分別連接一雙或單個釭管，釭管另一端又聯通底部承托器。同樣結構的漢代動物形釭燈更加精美，其中尤以南京博物院藏「錯銀銅牛釭燈」和出土於山西平朔西漢墓的「水禽銜魚釭燈」最為出色。

西漢 鏨刻龍紋銅釭燈

漢代 三足鼎形帶罩單管釭燈

錯銀銅牛釭燈　　　　　　　　　　　水禽銜魚釭燈

　　而與之相較，長信宮燈的設計則更加自然天成，製造者將宮女的衣袖設計成釭管，使之看上去完全是一個持燈女子的造型，並無贅物。因此該女子本身既是一位點燈照明的宮闈仕女，而跳出本體，她也成為了宮燈必不可少的重要組成部分，被觀看和注視。「持燈」作為一種行為，被賦予了更加複雜的功能性和觀賞性。

墓塚中的微光

　　關於墓葬中的燈具，細想起來別有意味。它們中大部分曾伴隨着墓主人度過了生前很長一段時光，在主人客房、臥稜室、書房或是浴室的一角，在每個暗夜中，默默履行着照明的職責。它們多半是主人的「愛寵」「佳器」，有的是皇帝命官府作坊專門訂製，有的輾轉幾番，作為賞賚珍寶被賜贈予多

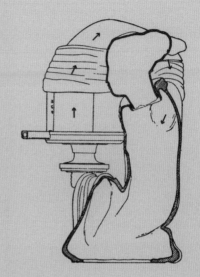

個主人。拿「長信宮燈」來說，它曾侍奉於竇太后長信宮的浴室中，而發掘時它出土的墓葬主人——竇綰，為竇太后的孫子中山靖王劉勝之妻，她本身也可能與竇太后有一定的親緣關係。也許是在劉勝和竇綰的新婚燕爾之時，竇太后心懷喜悅與祝福，慷慨地將自己珍藏多年的私人用物饋贈於竇綰作為賀禮。而這件珍貴的禮物也一直伴隨了竇綰的一生，並在她香消玉殞之後照亮了她通往另一個世界的黃泉之路。因此，長信宮燈的實際價值，除了具備一個普通燈具應有的實用功能和審美價值以外，更是體現了當時皇親貴族間密切的親緣關係和禮儀交往細節，同時也是劉勝夫婦受到以竇太后為代表的最高皇權的承認和肯定的表現，是一具精美的漢代「活化石」。

墓室中隨葬燈具，除了由於墓主人生前十分喜愛，希望永久地佔有它以外，還因其「照明」的特殊功能而被放置。待墓室封閉以後，整個墓塚將無限地沉浸在寒冷的黑暗中，伴隨着的就是死亡帶來的淒涼和陰森恐怖之氣，而能夠給人帶來光明和溫暖的燈，應被賦予了豐富的希望和想像，希望可以照亮死者在另一個世界中自如地生活。

(彭曉雲)

素紗單衣

雲想衣裳

素紗單衣

館藏：湖南省博物館

質地：絲綢

尺寸：長 128 厘米、寬 190 厘米

重量：49 克

年代：西漢

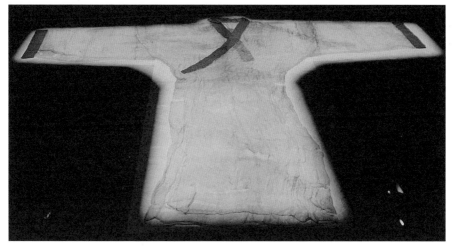

　　兩千多年前的一天，西漢長沙丞相利蒼的妻子辛追夫人下葬，貼身侍女挑出她最喜愛的幾件衣服，仔細疊好、封箱，放在她的棺木旁。

　　這一件是她的最愛。它沒有襯裏，輕薄、通透、柔軟、神秘。可以想像，當辛追夫人把它套在各種華服的最外面，華服上豔麗的紋飾在這層薄紗下若隱若現。她走到哪裏，哪裏就是宴飲聚會的焦點。這，就是素紗單衣。兩千年前的中國人已經在創造這樣的朦朧之美。直到今天，它透露出的韻味一直吸引着後人去追尋它的絕代芳華。

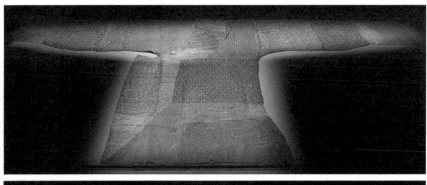

印花敷彩紗絲綿袍

朱紅菱紋羅絲綿袍

　　清華大學教授、服裝設計師李薇說：「交領、平肩、寬袖，然後直身，它不強調合體，但服裝和人體之間有一種內空間，它有空氣在流動。」

　　馬王堆漢墓的發現，讓人們看到一座漢代文化的寶藏。因為墓主人的貴婦身份，這裏又好像是發生於地下的一場漢代服裝秀。1972 年到 1974 年，這

裏一共出土了數百件漢代絲織品和衣物，其中最令研究人員感到驚歎的就是素紗單衣了。但在地下埋藏了兩千年後，蟬翼一般輕透的素紗單衣已經非常脆弱。今天的人們，只能嘗試通過複製來再現它起初的樣貌。

　　整件衣服長 1.28 米，兩袖通長 1.9 米。即使算上紋錦鑲邊的衣領、衣袖口和衣襟邊緣，整件衣服一共只有 49 克。南京雲錦研究所正在第二次嘗試複製，因為之前製作的複製品總是比素紗單衣要重。經過更深入的研究發現，素紗單衣的蠶絲纖度只有 11.2 旦，也就是說，製作素紗單衣的絲，每 9000 米

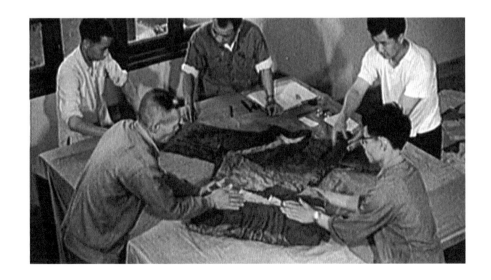

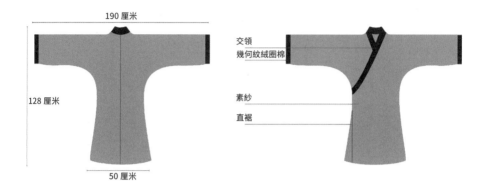

190 厘米

128 厘米

50 厘米

交領
幾何紋絨圈棉

素紗

直裾

只有 11.2 克。而今天最高級絲織物的纖度也要 14 旦左右。原來，經過千年進化，現在的蠶越發健壯肥胖，吐出的絲也就粗了很多，蠶寶寶即使想瘦，卻已經回不到當年細若游絲的身形了。西漢之後長達一千多年的時間裏，西方人一直把中國稱為「賽里斯國」，意思是「絲來的地方」。這些絲，穿梭着經緯，也織就着一個民族獨特的氣質。

　　衣着會讓人們找到自己。安安靜靜交叉的領子，直身的、不合體的形制，讓素紗單衣在穿着的時候，出現了很多隨機的線條。這樣的衣物並不捆綁着身體，相反，穿上它的人，神采可以隨着衣裳起舞，自在地飛揚。

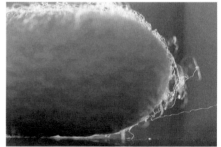

正如李薇所說：「它是自由的，人體在裏面也是自由的，人洋洋灑灑的，很自在、很心定，我認為它是一種自由。」

禮儀之大，稱之夏；章服之美，謂之華。素紗單衣是屬於那個時代的，卻仍然在影響着兩千年後的中國人。它是中國服裝史上的千古傳奇，但又與今天的生活並無溝壑。因為，它就是屬於中國人的自由浪漫的樣子。

貴婦的華服靚妝

　　公元前 169 年的某一天，時年 50 歲的長沙軑侯利蒼的妻子辛追正在餐桌前悠閒地品嚐應季的新鮮甜瓜。長期優渥的生活和喜靜少動的習慣，使得她在這個年紀已經患上了嚴重的冠心病、膽結石，而毫不知情的她竟在吞下了最後一顆甜瓜子後，因膽絞痛引起了冠心病發作，並在很短的時間內命喪黃泉。

　　辛追夫人去世後，得到了豐厚的喪葬禮遇，她的屍體被完整、考究地保存在墓葬的中央棺槨中，被封土層、夯土層、白膏泥層層封裹，以至於在千年後出土時她屍體的皮膚還柔軟有彈性。木棺的四周隨葬有豐富的各式物品，如漆器、竹簡、陶器、木俑、服飾等，其中隨葬品中的絲織物堪稱精絕，包括紗、絹、羅、錦、繡、綺、麻布等各類材質。

　　根據用途分類，這些絲織物包含有服飾如單衣、長袍、半裙、襪子、絲鞋、手套、香囊、絹帽；另有一些生活寢具如枕頭、枕巾；還有一些特殊配飾，比如辛追頭上與真髮纏繞在一起盤於頭頂的黑絲假髮等。結合墓葬帛畫中所繪辛追夫人站立像以及後世的復原相貌圖我們可以想像，這名地位顯赫的長沙軑侯夫人在生前應是一位面相柔和圓潤，身形嬌小的中年婦人，平日尤其注重衣着外表。丈夫的寵愛及豐厚的家產，使她總是擁有令人豔羨的萬般華服繡章。每逢重要場合，她便穿上飾滿繁縟紋樣的及地長袍，外罩輕薄單衣，腳踩青絲雙尖翹頭方履，腰中懸佩寶珠和香囊，雲鬢間加飾黑絲假髮盤作高髻，並插數支髮笄，儀容端莊，華貴自然流露。殊不知，這身舉首投足間的薄紗繡錦，定格了那個時代江南織造業的最高水平，而「素紗單衣」，更是其中難以複製的絕品。

馬王堆一號漢墓 T 形帛畫中辛追夫人畫像線描圖

招魂復魄懸素衣

之所以稱其為「絕品」，因為馬王堆漢墓所出土的這兩件素紗單衣實在輕薄到現代繅絲工藝難以企及，用「薄如蟬翼」「輕若煙雲」來形容毫不為過。直到 1990 年，湖南省博物館聯合南京雲錦研究所共歷時 13 年，才最終複製出了一件重量為 49.5 克的素紗單衣，但仍比原件重 0.5 克。素紗單衣成為了名副其實的「世界上最輕薄的衣服」。

這件又瘦又窄的曲裾長衣到底是如何穿着的呢？主流觀點認為是用於穿在色澤豔麗的錦袍之外，使得衣着看起來更加幻化朦朧，富有層次感。另一種觀點則認為素紗單衣尺寸太過窄小，用於罩在寬大的錦袍外太過拘謹，它除了可能作為日常實用的衣物之外，還可能是專為喪葬禮儀而生產的冥服，在祭奠鬼神的儀式時用以招魂引魄。

秦漢時期，人們相信魂魄是人的精神。當逝者剛剛離世之時，他的魂魄就會離開肉體，在附近徘徊。這時舉行召喚魂魄的儀式，希望剛死之人復生，這一儀式稱之為「復禮」。《禮記》中記載：為婦人舉行復禮時，不能用她婚嫁時所穿的禮服，需用專門的「復衣」進行，復衣多半為死者生前用物，也有特製的祭服。行禮前，眾人統一對遺體哭喪致哀，行禮時，須由主事者持衣物去死者生前居住地或常到的地方招魂呼喊，但全程不可呼其名，只能喊其字。而辛追墓中這兩件素紗單衣究竟是生前所穿衣物，還是專為喪葬禮儀特製，我們不得而知。但如此神工巧妙的單衣隨葬在墓中，一定是寄託着辛追的家人對其深切的緬懷和崇高的致意。

楚地的紡織讚歌

　　先秦至漢代，楚地經濟發達，手工業繁榮興盛，紡織業作為重要的手工業門類，在當時已達到相當高超的技術水平。從出土情況看，自 20 世紀 50 年代以來，我國湖南、湖北、四川等地的許多墓葬中陸續出土了不少這個時期精美的紡織品，如 1982 年，湖北省江陵馬山 1 號戰國楚墓出土的衣物幾

鳳鳥花卉紋繡淺黃絹面綿袍　馬山 1 號墓出土

鳳鳥花卉紋繡淺黃絹面綿袍　復原圖

乎包括了先秦絲織品的全部品種，包括錦袍 8 件、單衣 3 件、夾襦 1 件、單裙 2 件、綿袴 1 件、鞋履 3 雙、假髮 1 件、紗帽 1 件等，所有衣物以絹為主要材質，輔以錦、紗、羅、絛等，色彩有深黃、淺黃、灰白、藕色、紅棕、深棕、紫紅色等，其出土絲織品工藝之精美、品級之高貴，足以與馬王堆一號漢墓中的同類織物相媲美。

　　楚地之所以在古代擁有如此發達的織造業，得益於其得天獨厚的自然資源和良好的政治、人文環境。該地沃土良田豐裕，為農作物和經濟作物提供了優越的生長環境，且江南水路發達、交通便利，利於產品運輸，為絲織品的普及起到了推動作用。從總體的政治環境上看，楚地統治階層較為注重手工業、經濟的發展，且成為高檔紡織品的最大消費宗主，他們與生俱來的浪漫、熱烈、舒緩的性格，以及充滿了想像力和神秘色彩的楚地文化，共同孕育了像「素紗單衣」這樣縹緲、虛幻而又尊貴優雅的絲物傳奇。

（彭曉雲）

二十八宿圓盤圭表

周而復始　如期而至

● 二十八宿圓盤圭表

館藏：阜陽市博物館
質地：漆木器
年代：西漢

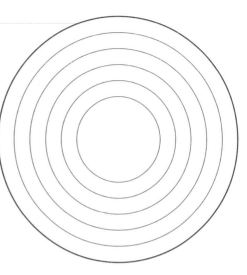

　　天上本沒有刻度，看的人多了，便劃分出二十八星宿。漆木圓盤邊沿刻有星宿名稱和距離。另一隻圓盤，盤面標示北斗七星，邊沿一圈365個小孔。兩盤正中鑽同心圓孔。

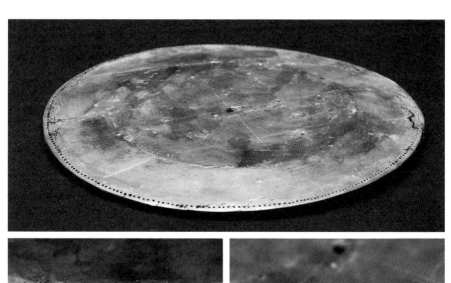

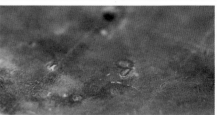

　　中國科學技術大學的石雲里教授向我們介紹它的使用方法：「這是我們根據汝陰侯墓出土的這組漆器做的複製件。在用的時候應該是把它重疊到一起。原來中間應該有一個像指針一樣的東西。怎麼用它來進行觀測呢？關鍵是，同墓出土的另外一件東西。它看上去像盒子一樣，（經過摺疊）就形成了這樣的一個結構。這個盤，它正好可以卡在這個位置。這樣還不夠穩定，可以用一根絲線進行固定。」

　　星盤配合支架角度，支撐在阜陽，盤面平行於赤道面，指針指向北天極，和地平面的夾角正是當地緯度。

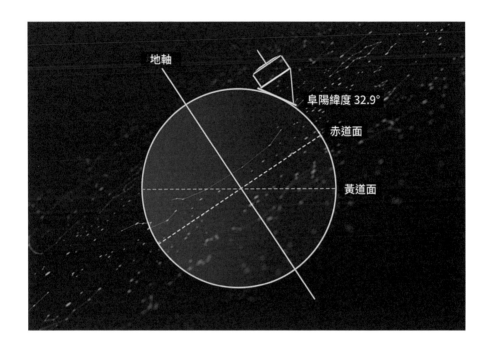

二十八宿如同撒在天空的坐標，不均勻劃分周天 365 度。可測量天體的赤道經度，記錄日、月、五大行星的位置變化。

安徽博物院的工作人員說：「這是根據二十八宿盤的使用原理，結合一點現代手段做的一個演示裝置。這個指針在天球上穿過星體 A，對應一個小孔，插上一根小針。轉動我們的視線，通過星體 B，這個相交的地方，插上一根小針。這兩個針之間，有多少個小孔，就代表相距度數。這樣的觀測對於中國古代曆法的發展來說，是至關重要的。」

日復一日，年復一年，先民仰望天空，低頭思量。看似簡單的初始，經過數千年積累數據，改進工具，人們探索宇宙運行的規律。

　　2018年夏至這天，安徽博物院的工作人員給我們演示：「這是汝陰侯墓當時出土的另外一件漆器。在使用的時候，可以把它打開，將立耳豎起來，與這個小棒配合使用。主要是用來測量四個最重要的節氣。」

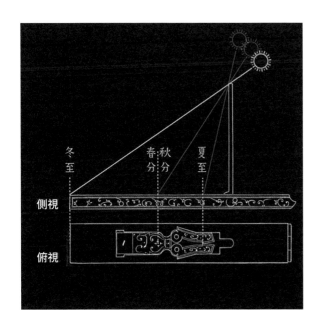

夏至，北半球太陽照射角度最高，日影最短，白晝最長。春分、秋分，晝夜平分。冬至，日影最長，白晝最短。再一次夏至到來時，太陽經歷一個回歸年。結合月亮盈虧週期為一月，差值每19年增加7個閏月。

圭表　1977年出土

圭表　2018年出土

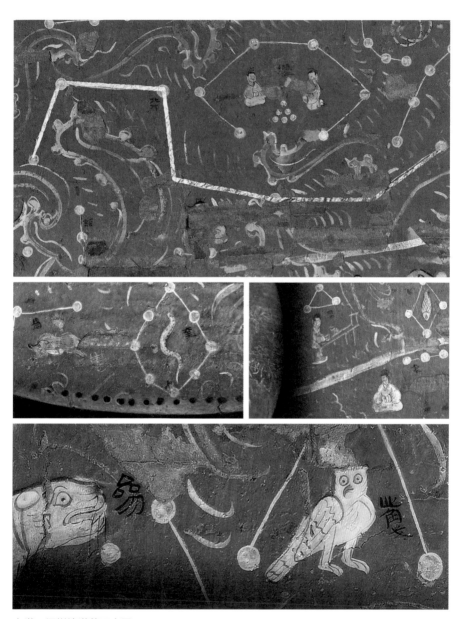

東漢　渠樹壕漢墓天文圖

東漢　渠樹壕漢墓天文圖

　　以天文定曆法，觀察氣象、物候，漢代人將一年分成二十四節氣、七十二候。春種、夏長、秋收、冬藏，應天順時，耕作有節，黎民生活有保障，農業文明基石得以建立。這份陰陽合曆，沿用至今。

　　木已腐朽，漆皮殘存。時空，仍在漫天繁星中延伸。太陽，不過是這兩千億顆亮點中的一粒。天行有常，周而復始，如期而至，是為天地之信，以利萬民，生生不息。

至信如時

　　「清明前後，栽瓜點豆」是一句我國北方地區婦孺皆知的農業諺語，之所以要在清明節氣前後栽瓜點豆，是因為清明前後的地溫適合種子發芽，根據它們的生長期，高溫多雨季節到來時，正好能滿足它們的生長需求，種得過早過晚都對其成熟不利。因此，清明前後是瓜果類播種的最佳時機。這種類似的諺語還有很多，例如「清明忙種麥，穀雨種大田」「棉花種在穀雨前，開得利索苗兒全」。這都反映了我國農業文明的特色。

　　二十四節氣是我們的先民在中國傳統曆法的創作和實踐經驗中總結出來的。對於以農業為主的古代中國來講，農業生產活動的時間節點特別重要，短短幾天可能就決定豐收與否，決定一家人或飢或飽的生活。回顧中國歷史上，有多少王朝傾覆於饑荒和流民起義，說農業時節決定了一個王朝的命運也不為過。農業生產需要嚴格了解太陽運行情況，農事完全根據太陽進行，

河南登封觀星台

所以在古代曆法中又加入單獨反映太陽運行週期的二十四節氣。中國古代利用圭表這種古老的天文儀器確定節氣。圭表由兩部分組成，垂直於地面的標杆或石柱稱之為「表」；平行於地面正南正北放置，用於測量影子長度的刻板叫作「圭」。小型的圭表只有幾十厘米長，可以隨身攜帶，而河南登封的觀星台是一個磚石混合的大型圭表，台體高達 12.6 米，地面石圭長 31.2 米。這些圭表無論大小，都是通過測定正午的日影長度來確定節氣。每年日影最長為「日長至」（又稱長至、冬至），日影最短為「日短至」（又稱短至、夏至）。這些時間節點是根據太陽光線與地球夾角決定的，這就確定了不同節氣與溫度之間的關係，從而為生產活動提供了可靠的依據。

而無論是陽曆還是陰曆，都要面對閏月校對的問題，因為一年的天數不是整數，偏差積攢多了就需要矯正。而這種單純依靠太陽的測量方式則是相對固定的，依靠節氣進行農業生產就不會出現過早或過遲的現象。由於是實踐經驗摸索得出的方法，因而古代民眾對節氣曆法也是深信不疑。《禮記‧樂記》載：「天則不言而信。」郭店楚簡《忠信之道》也有「至信如時，必至而不結」的記載。人們與時間雖無約定，但其每每如期而至，循環往復地指導農業，沒有終結。這是先民對節氣恪守規則、從不失信的讚揚。

除了農業生產，先民還把這種獨具中國特色的節氣曆法運用到同樣獨具特色的生肖屬相輪轉中。很多人都認為生肖屬相的轉換是從農曆新年也就是春節開始的，雖然春節是農曆新年，但這並不是屬相的更替節點。因為正如我們前面提到的，無論是陽曆還是陰曆紀年都存在閏月的問題，如此一來，十二生肖的屬相就會存在概率上的不統一，有閏月的那年屬相人數就會變多。而真正的屬相更替是從立春開始的，如此以來每一年的長度都在 365.25 天左右，每個屬相人數上基本都統一了。由於立春有時在春節前，有時在春節後，所以屬相並不能和出生年份完全對應。

　　與此同時，正因為古代先民有了「至信如時」的觀念，進而使得測量時間的工具——圭表，也成為誠信的象徵。春秋戰國時期，諸侯和卿大夫為了鞏固內部團結、打擊敵對勢力，經常舉行盟誓活動，而盟誓活動所簽訂的契約就被稱為盟書。盟書通常一式二份，一份藏在官府，一份埋於地下或沉在河裏，以取信於鬼神。侯馬盟書是 20 世紀 60 年代出土於山西省侯馬市晉國遺址的春秋晚期盟書，是晉定公十五年到二十三年（公元前 497 -前 489 年），晉國世卿趙鞅同卿大夫間舉行盟誓的信約文書。侯馬盟書是用毛筆書寫在玉石片上，字跡一般為朱紅色，少數為黑色。這些書寫盟書的玉石片絕大多數呈圭形，最大的長 32 厘米，寬近 4 厘米，小的長 18 厘米，寬不到 2 厘米。對於盟誓活動而言，比盟書本身更重要的就是誓約雙方能否信守承諾，持之不渝。將這些盟誓之言書於玉圭之上，正是想借用玉圭作為計時的工具其背後所帶有的「至信如時」的誠信觀念，以此來提高盟誓活動的可信度。

　　2016 年 11 月 30 日，中國「二十四節氣」被正式列入聯合國教科文組織人類非物質文化遺產代表作名錄。這是全世界人民對我國古代先民智慧的認可。而時至今日，我們常用的成語「奉為圭臬」中的「圭」字指的正是測量日影的圭表。中華文明幾千年源遠流長，塑造和影響着我們的生活，也在我們的言談舉止間、日常習俗中處處流露，代代相傳。

（魏鎮）

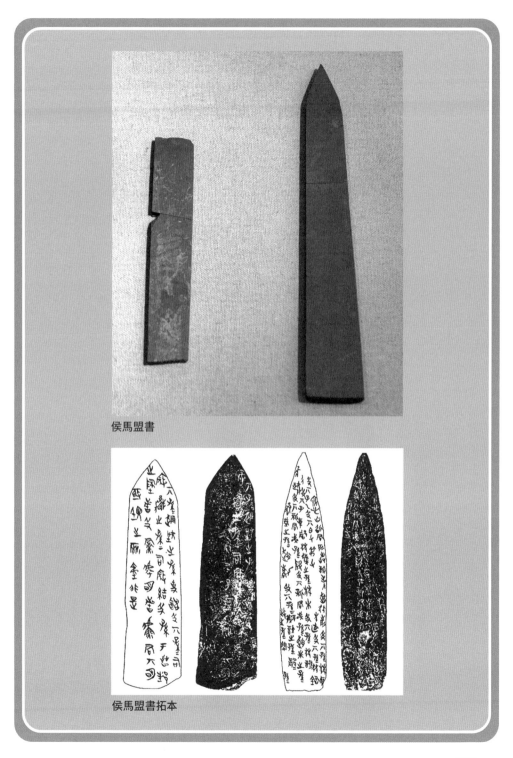

侯馬盟書

侯馬盟書拓本

狸貓紋漆食盤

漆盤上的喵星人

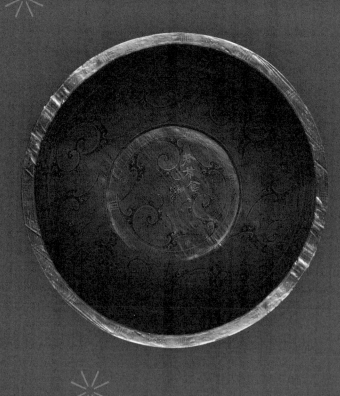

● 狸貓紋漆食盤

館藏：湖南省博物館
質地：漆木器
尺寸：高 6.2 厘米、口徑 27.8 厘米
年代：西漢

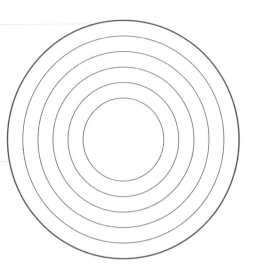

公元前 202 年，漢王朝建立，天下和平，社會氣氛積極向上。長沙丞相家中出現了一種紋樣獨特的盤子，它就是狸貓紋漆食盤。

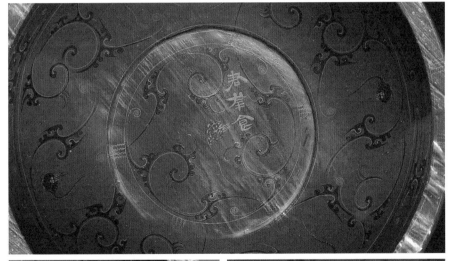

　　圓圓的眼睛，胖胖的身體，尖尖的耳朵，盤上的貓形象與我們今天的家貓並沒有太大差異，但牠的出現並不簡單。

　　前爪穩穩落地，保持絕對的安靜，兩隻耳朵豎起，進入警戒狀態，尾巴高高翹起，預示着尚未馴服的野性。朱砂勾畫雙眼，目露兇光，說明牠是個狠角色。

　　貓這種憨態可掬的形象，在漢代之前並不多見，比如西周時期的伯矩鬲，它的腹部裝飾着牛頭，看上去威嚴莊重。這種設計思路曾長期佔據古典時代，力求表現擁有者的權威。

　　但是一進入漢代，一切都改變了。經歷過大分裂的國家，剛剛從戰亂中甦醒，人們所製造的器物，無不洋溢着朝氣蓬勃的精神。

狸貓紋漆食盤上的貓

伯矩鬲上的動物對稱造型眼神驚悚

青銅器設計莊嚴肅穆

文字很多

西周伯矩鬲

狸貓紋漆盤上只有簡單的三個字：「君幸食」，翻譯成現代語言，就是「吃好喝好」。可愛的貓，簡單的字，實用至上，兼顧美觀，一個新興國家的形象躍然而出。原本不登大雅之堂的貓，大大方方地棲息在貴族的餐盤上，呼吸着新時代的空氣。

狸貓紋漆盤的擁有者之一是辛追夫人。她的生活可能並不快樂，丈夫在她青年時代去世，晚年又失去了兒子，本人也患有冠心病和膽結石。從現代人的角度來看，狸貓紋所代表的長壽安康，並未在辛追的人生裏完全實現。

西漢　君幸酒雲紋漆耳杯

西漢　君幸食漆盤

馬王堆一號漢墓 T 形帛畫中辛追夫人畫像

辛追夫人復原圖

但是，正是因為它的選擇和使用，我們才得以見到，如此圓潤的弧度，黑紅二色的和諧搭配，具有強烈寫實風格的繪畫藝術，這三者完美結合於一方盤子上，呈現着一位漢代女子的「小確幸」。

簡單的祝福，可愛的喵星人，或許能讓孤獨的辛追夫人感到一絲溫暖，在吃飯的時候想起家庭團圓的溫馨時刻。「君幸食」三個字，與用戶直接對話，賦予餐具以人文關懷。

君幸食，請您吃得開心。我們也願用同樣的話，送給每一位熱愛文物的讀者，祝你每天都吃得開心，吃得舒坦。

考古喵星人

　　貓作為現代社會最受喜愛的寵物之一，具有一般動物所沒有的與人類的親密關係。牠擁有漂亮的外表，健碩的形體，以至於走路的姿勢都被模特們借鑒為「貓步」。如此可愛的貓進入人類社會的歷史並不長，在人類目前擁有的上百萬年的歷史中，貓只陪伴我們走過很短的一段。

　　作為一個物種，貓自身擁有很長的歷史，但是在很長的時間內牠並沒有與人類發生共生關係，真正走進我們生活中的貓則是經過馴化的家貓。最早的與人類共生的貓發現於 2004 年，考古學家在位於地中海的塞浦路斯島發掘出了一座距今 9500 年的貓與人的合葬墓。在同一個狹小的墓坑中，離成人遺骨僅 40 厘米處，有一隻 8 個月大的貓的遺骸。貓的頭向西放置，與人的擺放位置一致。通過對這隻貓的形態特徵和骨骼、牙齒大小進行測量與比較分析，科學家認為牠比起現代家貓，更接近非洲野貓。這是人類與貓共存的最早的證據。

　　除了考古發現，還有一些科學家運用生物科技手段對家貓的起源進行研究。科學家德里斯科等人收集了 979 隻野貓和家貓的 DNA 樣本，並且對這些樣本進行研究分析，鑒定出了 5 個地理上不同的進化枝，分別是主要分佈在歐洲的歐洲野貓，中國的荒漠野貓，中亞的亞洲野貓，非洲南部的南非野貓和近東的非洲野貓。其中，非洲野貓和家貓分享了同一個進化枝。說明生活在近東的非洲野貓亞種是家貓的祖先，家貓的起源地在近東地區。這也與考古發現的結果相近。

古埃及壁畫中的貓

　　家貓的馴化有着極其複雜和漫長的過程，特別是在初期，其生物特徵很難被分辨出來。但是進入人類歷史時期之後，很明顯有越來越多的證據證明牠們的存在。現在一般認為，古埃及是馴化貓較早的地區，埃及新王國時期（開始於約 3600 年前）的繪畫作品為我們提供了已知最古老、最可信的貓已經被完全馴化的證據。畫作中的貓通常安坐於椅子下方，有時戴着項圈或拴着繩套，還經常從碗中進食。這類題材的畫作在那個年代相當多，意味着貓那時已是埃及人家庭中的常見成員了。

　　值得一提的是，在古埃及的諸神中有一位極其特殊的貓首人身女神——巴斯特神。她是布巴底斯地區的女神，喜愛音樂與家庭之神，太陽神的女兒。她性格複雜，既是温和的母貓巴斯特，當她脾氣爆發時又是兇猛的母獅塞赫美。這與貓的性格多麼相似。在古埃及墳墓當中，巴斯特神負責守護墳墓主人的安寧。

　　一般認為中國的家貓在 2000 年前從歐洲傳入。但在距今 5300 年的陝西華縣泉護村遺址，考古學家發現了貓的蹤跡，經過辨認和科學測定，發現其尺寸小於歐洲野貓而與歐洲家貓相近，表明泉護村發現的貓應該是經過馴化的。通過對泉護村遺址人、貓、鼠的碳氮穩定同位素分析，清晰顯示出牠們都攝取了一定量的 C_4 類食物，表明牠可能主要在人類生活垃圾中覓食或受到古人的長期飼餵。

　　但是除此之外，秦漢之前關於貓的考古發現尚不多見。《禮記 · 郊特牲》載：「古之君子，使之必報之。迎貓，為其食田鼠也，迎虎，為其食田豕也，迎而祭之也。」此處描述天子「蠟祭」情況，貓、虎為迎祭對象，因貓食田鼠，虎食野豬，皆有益於田間作物，故而將其視作神靈來加以報答。但是此時文中的貓尚無法證明是現代意義上的家貓，而很有可能是野生的狸（貓），因而與虎並提。到了漢代，東方朔曾說「騕褭、綠耳、蜚鴻、驊騮，

佛羅倫薩埃及博物館藏貓木乃伊

甘肅武威磨嘴子漢墓羣出土的貓形木雕

天下良馬也，將以捕鼠於深宮之中，曾不如跛貓」。深宮之中的貓顯然已經是被馴化了的。除了馬王堆漆食盤上發現的貓形象，甘肅磨嘴子漢墓中也曾發現貓形象的木雕。除此之外漢長安城遺址、北京大葆台漢墓等考古發掘中也有貓的身影。

貓在中國古代社會中的地位是逐漸提升的。很多人曾疑問為甚麼十二生肖中有老鼠卻沒有貓，這個原因很簡單，那就是在十二生肖形成的過程中，貓在人們的生活中尚未佔有一席之地，一方面可以說明十二生肖形成之早，亦可說明貓進入人類生活之晚。即便在與國外往來頻繁的唐代，唐詩中仍少有貓的身影。但到了宋代，宋詞中對貓的描述就明顯增多了。我們現在所熟知的很多貓的品種都是外來的，例如「波斯貓」，從名字就知道牠來自西亞。不得不提的是，在對貓的馴化過程中，牠始終保持着獨立生存的本領，這與人類馴化的豬、馬、牛等牲畜不同。貓被譽為世界上最成功的獵手，牠天生就是狩獵的一把好手。即便是現在，在離開人類之後，喵星人仍然具有完全的獨立生存能力，這也可能是牠在人類面前傲嬌的資本。

（魏鎮）

算籌
運籌

象牙算籌

館藏：陝西歷史博物院

質地：象牙

尺寸：長 13.5 厘米、直徑 0.4 厘米

年代：西漢

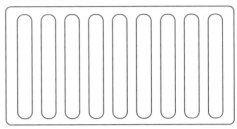

　　如果一斤絲價值 240 元，那麼 1328 元能買多少絲？這道題出現在兩千多年前的一本數學總結性著作《九章算術》中。當時的人們已經掌握了在今天依舊科學實用的十進制，所以並不懼怕這些看起來複雜的計算。

十進制用到了從零到九這十個數字，採取「位值制」來記數。我們熟悉的每一個自然數，都可以利用十來建構。從個位起，從右往左，第一位為數值乘以十的零次方；第二位是數值乘以十的一次方。以此類推，第 N 位就是數值乘以十的 n-1 次方。所以，八乘以十的零次方，加一乘以十的一次方，加零乘以十的二次方，加二乘以十的三次方，便得到數字 2018。

這些看起來抽象的數字，在春秋戰國時期，就可以被中國人用一些不起眼的小棍子──算籌，表示出來。當時人們普遍使用算籌來計數及運算。算籌多用竹子製成，也有用獸骨、象牙、金屬等材料。

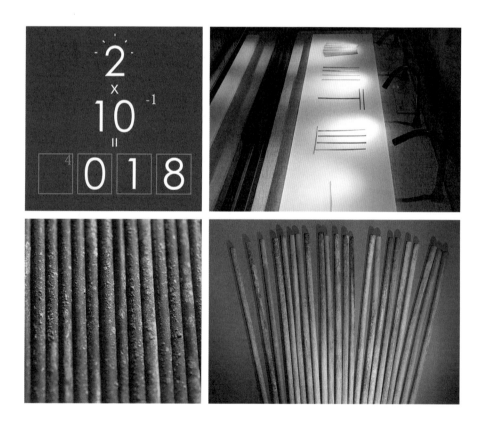

象牙算籌

這套象牙算籌出土於陝西省旬陽縣佑聖宮一號漢墓，共 28 枚，每枚直徑 0.4 厘米，長 13.5 厘米，粗細均勻，長短劃一。

重慶市巴渝學校一年級二班的課堂上，老師正在給學生講算籌。老師問：「古人是怎麼用他們的方法來表示數字的？古人擺出來的數字有幾種表示？」孩子們異口同聲地回答：「兩種。」

算籌記數，有縱和橫兩種方式。在縱式當中，表示一到五的時候，豎着擺放的每一根算籌都代表一。而六到九，則用橫放的一根代表五，餘下的算籌縱放在下面。橫式則相反。表示一個數字，最多使用算籌數量不超過五。

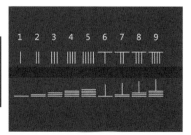

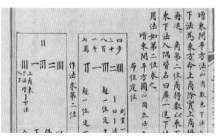

　　在表示多位數的時候，則將各位數碼由高位到低位，從左到右橫列，而且各位數碼必須縱橫相間。有「零」時，用空位表示。掌握了這一方法，不論多大的數字，都可以用算籌表示出來，譬如「2018」。使用算籌進行運算，也遵循十進制「逢十進一，借一當十」的原則。如 1643 加 375，百位上 6 加 3 原本得 9，但因十位上的 4 與 7 相加得 11，進 1 後百位得 10，千位需再進 1，記作 2，故為 2018。掌握了十進制為基礎的記數和運算規則，當時人們可以利用算籌來解決土地開墾、糧食置換、徭役安排等實際需求。因此，善於處理這些政府調控問題的張良被盛讚「運籌帷幄之中，決勝千里之外」。

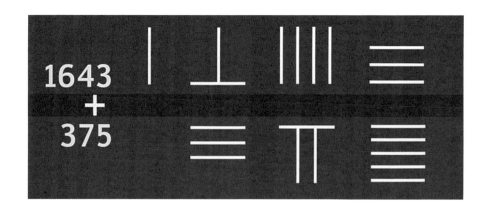

到了明代，算籌被算盤完全取代。一粒粒算珠撥動中，十進制的規則依舊不變。科技發展，計算工具更新，使得運算的步驟得到了簡化，但無論工具怎麼改變，十進制卻始終是我們了解和學習數學的基礎。三千多年前的甲骨文上，商人用一到十、百、千、萬這十三個數字，記十萬以內的任何自然數。它們的寫法雖然不斷變化，但以十進制為基礎的記數方法卻不曾中斷。

像文字那樣，十進制也無處不在。十進位的度量衡與貨幣單位也在我們的生活中佔據主導地位。日常如買菜、裝修，高端像經濟調控、人工智能，離不開計算，少不了運籌，都用得到你以為高冷的數學。

各文明中的數字

中國古代用於記數和計算的算籌，不僅有考古發現的實物，而且在浩如煙海的中國古代文獻裏關於算籌的記載比比皆是。老子《道德經》曰「善數不用籌策」，說明「籌策」是計算的方法，「善數」的人不用借助工具，引申為勸解人們不要太過計算得失。東漢徐岳撰寫的《數術記遺》中說「……別須算籌一枚，各長五寸……」，這是對算籌形狀描述最早的文獻記錄。書中還記載了一種運用手指與算籌的算法，可表量的單位甚至達到了「億」的級別，可惜的是該書記載的 14 種算法唯珠算流傳至今。

上述記載點明了算籌是用來記載數目的工具。而人類是如何認識數字的？對數的概念又是從何而來呢？普遍的觀點認為，人類在長期生活實踐中，大腦對客觀世界產生了抽象認識。最開始通過掰手指記數，到後來用石子的個數來記錄打獵收獲的獵物數量，再到《周易》記載的「結繩而治」，再抽象到陶器上的彩繪或刻畫符號，或是我們熟知的數字符號。

甲骨卜辭，尤其有關祭祀方面的內容中，不乏對數字的記載。中國國家博物館館藏「王為般卜」龜甲是一塊完整的卜甲，記錄的內容是商代武丁中晚期貴族大臣「般」常受王令而征伐四方，商王為他占卜是否有災禍。在龜腹甲反面鑽鑿，正面刻辭殘存 17 字和一圈兩組 1 - 7 的數字。

「王為般卜」卜甲正面　　　　　「王為般卜」卜甲局部

甲骨文中的一、二、三等，可能就是在文字形成之前人們在實踐中約定俗成的抽象符號；卜辭記載的數字中，十、百、千、萬的倍數，常寫作「合文」：十用「丨」表示，將兩個十「捏」在一起就是二十「∪」，在一萬「𧾷」的「尾巴」上加上三橫，就變成了三萬「𧾷」。

除去中國甲骨文上記載的數字，世界其他文明中的數字又是怎樣的情況呢？

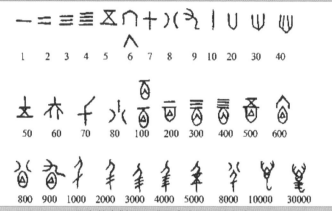

甲骨文數字對照，或因書寫問題略有出入

中華世紀壇「偉大的世界文明」展中有一塊美索不達米亞文明的貿易記錄泥板，因內容主要是關於洋蔥的裝運，又被亞述語言學家稱為「洋蔥檔案」。這塊泥板屬於阿卡德王朝時期（公元前 2334 年–公元前 2154 年），記錄了此次裝運洋蔥的總量，其中圓圈和新月圖形的組合便是數字，與傳統的楔形文字中的數詞有所不同。

貿易記錄泥板

稍晚於甲骨文的羅馬數字有七個數字符號，其與阿拉伯數字的對應為：

羅馬數字	I	V	X	L	C	D	M
阿拉伯數字	1	5	10	50	100	500	1000

羅馬數字的計數方法大致有三條：

1. 重複使用（一般不超過三次）相同的數字符號來表示倍數：如 30 用重複的 3 個 10「X」表示，即「XXX」；

2. 右加左減：如 6 表示為數字 5「V」右邊加 1「I」，即「VI」，9 表示為 10「X」左邊減 1「I」，即「IX」；

3. 數字符號上加一橫表示 1000 倍。如：

    23：XXIII；233：CCXXXIII；2,333：MMCCCXXXIII；

    23,333：$\overline{\text{XXIII}}$CCCXXXIII；233,333：$\overline{\text{CCXXXIII}}$CCCXXXIII；

    233,333,333：$\overline{\overline{\text{CCXXXIII}}}\overline{\text{CCCXXXIII}}$CCCXXXIII

意大利貴族定製的祭壇畫中，瑪利亞懷抱小耶穌坐在畫面中心的寶座上，寶座基座上的文字標明了作品的完成日期：「A.DM.CCCCC　VIIII」。其中 A.D 表示公元，CCCCC 與 VIIII 中間的空位表示零，「M.CCCCC　VIIII」即 1509 年，日期後面是作者的簽名。

無論複雜還是簡單的數字表示方法，中西方文明在數學定理上都能達成統一。勾股定理在《周髀算經》裏就有介紹，經三國時期數學家趙爽加以證明才變成後人所謂的定理，即我們熟知的「勾三股四弦五」。這一定理被廣泛應用在土地、建築的測量乃至天文計算中。與其相似的是畢達哥拉斯定理，

即「直角三角形斜邊平方等於兩直角邊平方之和」，在希臘數學中由畢達哥拉斯學派發現、提出並得到普遍證明。

數字不僅是奧妙無窮的數學基石，同樣也蘊涵着深刻的哲學原理，數學家和哲學家對數學的確切範圍和定義有一系列的看法。《說文解字》：「一惟初太始，道立於一，造分天地化成萬物。」同樣的理解也反映在道家思想中，如老子《道德經》：「道生一，一生二，二生三，三生萬物」。古希臘的畢達哥拉斯學派推崇「萬物即數，數即萬物」，他們認為「一是本原，二是運動，三是宇宙」，對他們來說數學相當於宇宙。

祭壇畫《聖母子和聖彼得、亞歷山大的聖凱瑟琳、聖阿加塔和聖保羅》

祭壇畫局部中的羅馬數字

在人類歷史發展和社會生活中，數學也發揮着不可替代的作用，從記事起我們的生活中就離不開數學，從識數、記數、簡單計算到二進制、十進制、幾何微積分，學生時代晦澀的數學題往往讓人們想問學這些有甚麼用？但這個問題並不影響你解開一道道複雜數學計算時的喜悅。為了更宏大的計算科學或數理研究的基礎，或作為純粹的知識，請盡情享受學習數學的快樂吧。

(陳坤)

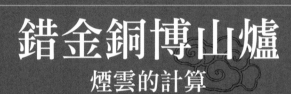

錯金銅博山爐

煙雲的計算

🌲 錯金銅博山爐

館藏：河北博物院
質地：銅錯金
尺寸：高 26 厘米、腹徑 15.5 厘米
年代：西漢

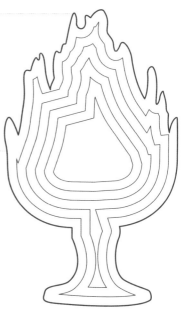

在富於動勢的丘壑林泉之間，出沒着警覺的虎、豹、豬等野獸，以及伺機捕獲牠們的獵人。而這一切，都被身居高處的猴子看在眼裏。

　　兩千年前的捕獵場景被定格在了一隻香爐上——錯金銅博山爐，中山靖王的心愛之物。創作者最終將爐蓋聯想為山峰的那一刻，便讓這尊錯金銅博山爐在藝術史上留下了醒目的一筆。

　　香爐通高約 26 厘米，底座三條鏤空的躍龍，頭上仰，托起爐盤。爐身為豆形，爐蓋被表達成了山巒。然後亟待解決的是，如何在空白中詮釋峰巒的邊界。

　　流行的雲紋發揮了奇效。錯金工藝醒目了升騰旋繞的雲氣，賦予整座山峰充盈的神秘感。如果仔細跟蹤雲氣的動勢，你會發現雲和石頭連貫為一體，也可認為雲氣的末梢凝固成了山石，或層層疊疊的怪石表面浮動着輕微的煙嵐。而湧動在山腳下的，是雲紋盤繞，還是海浪湧動？抑或為了營造兩者皆可的錯覺？良工巧匠這種充滿不確定性的視覺處理，留給了後世觀者無限的想像空間，彷彿能將整個世界變成它的留白。

　　事實上，類似的意象組合在漢代藝術中比比皆是。我們缺乏西漢人對立體山巒設計動機的直接記載，不過後世人普遍相信與蓬萊三島或崑崙仙山有關。在六朝以後的詩文裏，人們習慣將山形的熏爐稱為「博山爐」。

漢　錯金銀銅弩機

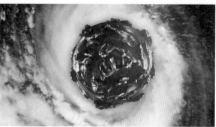

　　煙雲溢出孔隙，慢慢地博山爐被造了境。線條粗硬的動物們因煙雲而躍然，金色的雲紋因煙雲而延伸。爐中雖無仙人，卻顯祥瑞。此時，博山爐不再是香爐，而是視覺與氣味共同塑造的微縮的海上仙山。

　　在山水意象通過卷軸繪畫給人們帶來想像之前，漢代的無名工匠們已將山的神秘借以 3D 思維表達，他們通過一柱青煙，連接兩千年後的觀者。

　　時間精密地計算着生命起滅的軌跡，煙雲計算着萬物呈現的聲、色、形。計算着從這頭到那頭，一念的距離。

香爐簡史

熏香在中國有着悠久的歷史，在春秋戰國時期，人們已經普遍用香。香可以用來驅趕蚊蟲，熏染衣物，調製食藥，更是一種身份等級和生活狀態的象徵。屈原寫作《離騷》之時，那華美的文字中不乏香草點綴：

「扈江離與辟芷兮，紉秋蘭以為佩。」

「雜申椒與菌桂兮，豈惟紉夫蕙茝！」

此時的香料多是本土所見草木植物。宜人香氣或來自草木本身，或經焚燒而得以散發。此時的香爐往往也要求出煙通暢，用以排出焚燒草木帶來的煙塵。

而到漢武帝時期，張騫鑿通西域，建立了橫跨歐亞的絲綢之路。伴隨着陣陣駝鈴聲，大量的異域香藥傳入內地。檀香、甲香、乳香、沉香、龍腦、蘇合、龍涎香……內地西運的一匹匹絲綢，換回的正是這些異域奇珍。

相較於本土的香草，這些西域與南海傳入的樹脂型香料氣味更加濃郁悠長，因此受到了王公貴族的強烈追捧。絲綢之路也因這些奢侈品獲得了強勁的生命力。

異域香料品質雖好，但是卻需要特殊的焚香方法，由此帶動了香爐形制的變革。將香料製成粉末，均勻地撒入博山爐內，其下置以炭火。由於氣流不暢，炭火只能保持緩慢的陰燃狀態，香料得以徐徐燃燒，從而使得香氣不絕如縷，充盈室內。

這樣的巧思並非來源於內地。博山爐的形制也與中外文化交流密切相關。根據國外漢學家的研究，博山爐的原型——帶蓋香爐，首先被西亞的亞述人使用，經由來自西伯利亞或中亞的斯基泰等族屬，經由絲綢之路傳入到漢語區域。隨着香料風靡於整個歐亞大陸，類似的香爐在希臘、羅馬、伊朗、埃及、印度等地皆有發現。而博山爐從中國出發，也影響到了朝鮮等東亞地區。宋人徐兢在《宣和奉使高麗圖經》中記載：「博山爐本漢器也……今麗人所作，其上頂雖象形，其下為三足，殊失元制，但工巧可取。」

通過一件博山爐可以管中窺豹，映射出歐亞大陸上文明相互交融的宏闊畫面。

中山靖王劉勝想必是當時的「用香達人」。在其去世之後，家人依然不忘在幽深山石墓穴中放上這樣的一隻精美香具。待到下葬之日，錯金銅博山爐散發出的幽幽香氣，不知能否喚起逝者對現世的一絲眷戀？

錯金銅博山爐線描圖

隋代　綠釉蓮瓣蟠龍博山爐

青煙裊裊，將會引魂暢遊仙山，登臨蓬萊，成為天界神仙。

博山爐因造型奇特、使用便捷，在歷史上不斷得到文人稱頌，成為人們心目中的傳奇。《藝文類聚》卷七十收錄漢無名氏詠熏爐的《古詩》一首：「請說銅爐器，崔嵬象南山……朱火燃其中，青煙颺其間。」

而到兩晉時期，「博山爐」成為此類香爐的專稱。沈約的《和劉雍州繪博山香爐詩》稱頌道：「範金誠可則，摛思必良工。凝芳自朱燎，先鑄首山銅。瑰姿信岩崿，奇態實玲瓏。峰嶝互相拒，岩岫杳無窮。」昭明太子《銅博山香

清代繪畫中的「爐瓶三事」

爐賦》也寫道：「爇松柏之火，焚蘭麝之芳，熒熒內曜，芬芬外揚，似卿雲之呈色，若景星之舒光。」在皇室貴冑中，銅博山爐沿用不衰。同時大量形制近似的青瓷博山爐在六朝墓葬中不斷發現。瓷質博山爐相對物美價廉，因而受到廣大士庶階層的喜愛。瓷質博山爐最開始是對銅博山爐的規矩模仿，隨後造型日趨豐富，形成了自己的藝術風格。特別是隨着佛教傳入中國，博山爐的「山」日益模糊抽象，蓮花等新裝飾元素融入其中。

及至唐宋時期，焚香方式又為之一變，帶動香爐形制再次發生革新。唐代人們將香末依據各種配方調製成香丸或者香餅，北宋又出現香料與燃料結合的線香。博山爐由此漸漸淡出了人們的視野，取而代之的是近世常見的香爐、香盒和插香箸、香鏟的小瓶形成的「爐瓶三事」。香不再是用來體驗登臨仙境的神秘媒介，而是成為了文人騷客為了追求冥思、善男信女為了敬奉神明的俗世用品。

錯金銅博山爐，在煙雲的計算中，如同一個坐標的原點，橫坐標是空間上的中外交流，縱坐標是時間上的古今香史。

儘管它已不再潤氣蒸香，模仿仙山，我們依舊能夠在欣賞它的過程中達到物我兩忘的玄妙境界。

（李凱）

「長毋相忘」銘合符銀帶鈎

閃爍腰間的誓言

「長毋相忘」銘合符銀帶鈎

館藏：南京博物院
質地：銀
尺寸：長 3.7 厘米、高 1.8 厘米
年代：西漢

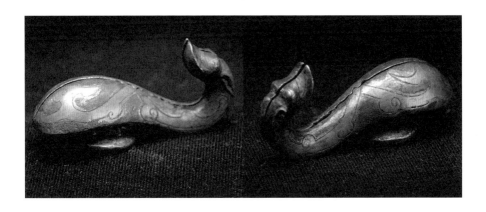

山無陵，江水為竭，冬雷震震，夏雨雪，天地合，乃敢與君絕
——《漢樂府》

這枚銀帶鈎藏着迷人的秘密。它出土於西漢江都王劉非的第十二號陪葬墓，主人是他的妃子淳于嬰兒。他們的約定刻在這帶鈎隱秘的地方，被淳于嬰兒生生世世珍藏，在公曆紀元開始前帶入墓葬。公元後的 2009 年，我們發現了他們曾互道過的誓言：長毋相忘。

它像兵符一樣，自中間一分為
二，兩個半扇的內壁，分別以陰陽
文刻有「長毋相忘」的四字吉祥語。
動人的情話安全地隱在鉤身之間，
看來這誓言不想昭告天下，也不會
時常被提起，這是只屬於它主
人的情真意切。這種隱秘在漢王朝尤
其不同尋常。大多數漢代人是不習
慣含蓄的，他們把對美好的嚮往，
情感的渴望，甚至是道德標準、社
會秩序，化作吉祥語，寫在顯眼的
地方。比如想寄予相思，他們便會
在銅鏡上寫道：「見日之光，天下
大陽，服者聖王，千秋萬歲，長毋
相忘。」一見到太陽啊，天下便
明亮，哪怕過了一千個秋天或是一
萬年，我們都不要忘記對方。

他們刻下「誠信」的印章以示
警醒，毫不掩飾地表達對富貴的嚮
往，也會強調下規則，或者是說說
憂傷。

「長毋相忘」銘文

漢「誠信」信印

「福貴安」花瓣紋鏡拓片　　　　「愁思悲」龍紋鏡拓片

　　就連帶鉤這種起源於春秋、用來繫腰帶的日常掛鉤，也被漢代人安放了足夠多的想像力，絕不會因為小就甘願低調。漢代帶鉤材質紛繁，造型各異，以精美的動物造型居多，橫可束衣帶，豎可懸物件。看這些樂舞俑歡樂的姿態，想像在彼時「滿堂之坐，視鉤各異」的聚會中，大家歡聚，聚會賓客熱烈地交流着各自五花八門的帶鉤珍藏。

　　相比之下，淳于嬰兒的這枚小帶鉤外貌實在算不上突出。鉤首是一個簡化的龍頭，有着鼓鼓的眼睛，挺立的雙耳，鉤身裝飾着漢代獨有的典型雲紋，雲紋處有鎏金。不同於漢代人純粹直接的表達方式，深宮裏的愛情誓言被這帶鉤普通的外表完全隱藏。不求萬人之上的國王獨寵一人，只求兩人之間的私語常繫腰間。

241

種類繁多的漢代帶鉤

　　這偉大的盛世同時包容過隱秘和張揚。或許在另一種意義上實現了「未央」和「毋忘」的是中華民族對漢文明的情感延續。漢代人的吉祥語，也是歷朝歷代人們共同的企盼。在現代生活中仍然被沿用下來，穿越千年，還透着微光。遙想漢人多少閎放，敢說，敢當，就當此生此世是夢一場，忠於內心，活得敞亮。

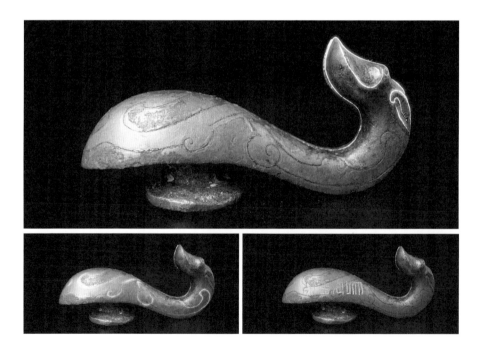

考古發現中的愛情

　　愛情是人類亙古不變的話題。考古則是對古代人物質精神世界方方面面的捕捉，在無數次與古人的對話中，考古人也會在不經意間被古人的愛情打動。根據英國《太陽報》，考古學家最近在烏克蘭佩特里基夫（Petrykiv）村莊考古時，發現一對緊緊相擁的男女屍骸，據研究他們是青銅器時代維斯托斯卡亞（Vysotskaya）的史前人類。考古學家班卓斯基（Mykola Bandrivsky）指出，男性遺骨是平躺的姿勢，女性側躺，她的右手臂環抱該名男性，然後將她的右手腕放在男子右肩上。兩人額頭相靠在一起，該女子的雙腿膝蓋微彎，放在男子微彎的腿上。班卓斯基表示，如果該女子是死後下葬，無法擺出這樣親暱的姿勢。班卓斯基與其他考古學家推測，該名女子生前可能選擇活埋，與所愛之人一起入土。也許那個時代的物質並不是特別豐富，也許那個時代的生活並不十分輕鬆，但那個時代的愛情卻是一樣的堅固。

　　古人的愛情除了同生共死如此直接的方式，也有古人特有的委婉，恰如嵌於帶鉤內部、常人不易見到的「長毋相忘」銘文一樣。新中國成立初期，在洛陽燒

維斯托斯卡亞史前愛人

溝，考古人員發掘了上百座漢代墓葬。但在 1953 年 3 月 8 日這一天，有兩座編號 38a 和 38b 的新莽時期墓葬引起了考古人員的注意。這兩座墓室並列，共用同一個墓道，考古學稱之為「同穴異室墓」，多是埋葬夫妻。墓室規模並不是特別大，陪葬品也並不是特別豐厚，主要都是一些陶鼎、陶壺、陶罐等生活用具。在這座墓葬中共有三具屍骨，在 a 室中埋有兩個棺槨，b 室中有一個棺槨。a 室左棺中人骨的頭部和 b 室棺中人骨的頭部各發現半面銅鏡，殘破的銅鏡在漢墓發掘中時有發現。而令人驚異的是，當考古人員慢慢將這兩片銅鏡拼在一起的時候，神奇的一幕出現了：這兩片銅鏡竟然嚴絲合縫地拼成了一塊完整的漢代四神博局紋鏡。這面銅鏡復原後直徑 15 厘米，厚 0.5 厘米。它的製作工藝並不特殊，但將一塊完整的銅鏡分為兩半各自隨葬，這顯然是這對跨越兩千年時空的古人期待來世如銅鏡般重新團聚。這也是中國考古學史上第一次科學發掘出土「破鏡重圓」的實例。

　　考古中一次次為我們講述「破鏡重圓」的故事。1985 年在安徽懷寧縣，考古發掘人員從兩座相距 3 米的唐代墓葬中分別發現了半面銅鏡，而當考古

洛陽燒溝 38 號漢墓出土四神博局鏡拓片

隊員將兩個殘片拼對在一起的時候，時隔千年，一面唐代伏龜飛鶴銘文鏡再次完整地呈現在世人面前。1990 年，陝西安塞王家灣農民取土時發現一座新莽時期的夫妻合葬墓，經過考古人員的發掘，墓內出土一面一分為二的漢代昭明鏡，這枚鏡子出土時一半放在男性墓主頭邊，另一半則放在女性墓主頭邊。《太平御覽》引東方朔《神異經》云：「昔有夫妻將別，破鏡，人執半以為信。其妻與人通，其鏡化鵲，飛至夫前，其夫乃知之。後人因鑄鏡為鵲，安背上，自此始也。」「執鏡為信」「破鏡重圓」的傳說或許比這還要早。但無論如何，考古中發現的這種鏡分為二、各執一端的現象莫不反映了古人對愛情的執着，對在身後世界彼此仍舊兩不忘的嚮往。

唐代　長沙窯青釉褐彩詩詞壺

　　愛情從來都不是一帆風順的，古人也有對愛情的幽怨。一件唐代長沙窯青釉褐彩詩詞壺帶給我們的又是古人對愛情無限的惆悵。這件來自於長沙博物館的瓷壺上面刻畫有一首詩：「君生我未生，我生君以（已）老。君恨我生遲，我恨君生早。」一份愛而不得、相見恨晚的惆悵表達得淋漓盡致，時至今日仍舊能引起跨越時空的共鳴。又恰如古人詩中所言「還君明珠雙淚垂，恨不相逢未嫁時」。多少的愛情曲折，伴隨着奔騰不息的滔滔江水從歷史深處向我們走來，又向更深處走去。不論古今，人們所期待的愛情，無非是願有歲月可回首，且以深情共白頭。

（魏鎮）

錯金銀雲紋青銅犀尊

萬物有靈犀

錯金銀雲紋青銅犀尊

館藏：中國國家博物館
質地：青銅
尺寸：長 58.1 厘米、高 34.1 厘米
年代：西漢

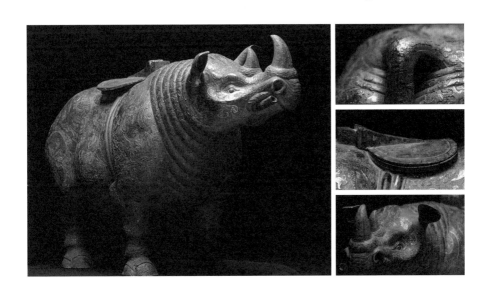

一隻犀牛從陝西走來，抖落身上的塵土，昂首望向前方。它喝醉過，但現在清醒。它叫犀尊，是一隻酒壺。它的臀部隆起，尾巴彎成一個掛鈎，倒酒時，扣住掛鈎，借助槓桿原理，以蹄子為支點，撬動整體，酒從嘴邊的流管倒出。背部的小蓋是容器的入口，又恰似犀牛的背囊。頸部層層褶皺，頭上兩根犄角，凹陷的眼窩裏，黑料鑲嵌成小眼珠。骨骼、肌肉，層次分明，煥發生機。四隻蹄子落地平穩，每隻三根腳趾。可見製作者曾近距離仔細觀察過犀牛。

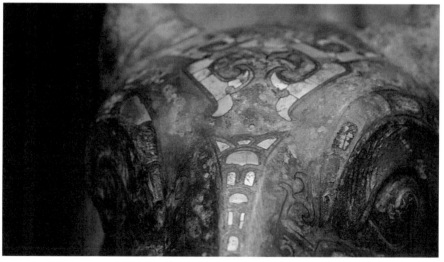

　　金絲銀線，把雨林中的霧氣變成凹凸的雲紋，包裹着毛髮，刻進犀牛表皮，閃耀着大自然中肉眼無法覺察的光彩。錯金銀工藝在銅器表面鑿槽，鑲嵌金銀，再用厝石打磨，創造出華美而裝飾味濃郁的圖案。弩機上，飛鳥、蛇、鹿、虎、豬，二十多隻動物，輪廓細如髮絲。

西漢　錯金銀銅弩機

西漢　劉非墓錯金銀銅虎鎮

戰國　青銅錯金銀犧尊

　　朝天鼻，金條紋，長尾巴，突顯出虎的身姿。繁複的工藝，恆久的材料，凝固人與自然的默契。百態叢生的真實動物，聚集一堂，攬括生命美好。

　　久遠的時空裏，無數生命來過又離去。而後，地球上出現人類。描摹和形塑生命，大約和人類文明同樣久遠。人們以各種材質模擬大地生靈，願與動物共享自然。

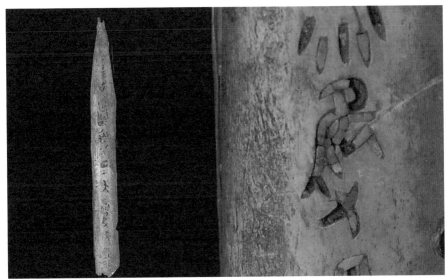

商代　宰豐骨匕

三千多年前，犀牛足跡遍及華夏，可以想像，那時北半球溫暖濕潤，草木豐美。商王獵獲犀牛，契刻在甲骨上。有孕不捕，小獸不捕，按規範捕得獵物，記作「獲」。兩千多年前，漢代人在外邦朝貢的珍奇中偶爾能夠看到犀牛的真容，牠們的原型，今天被稱為蘇門答臘犀牛，牠在犀牛家族裏體型最小，膽子也小，不愛爭地盤。西漢以後，地球轉冷，加上人類活動頻繁，敦厚的蘇門答臘犀被迫遷徙，如今僅僅零星生活在熱帶雨林和沼澤中。

西漢　鎏金銅犀牛 馴犀俑

商代　小臣艅犀尊

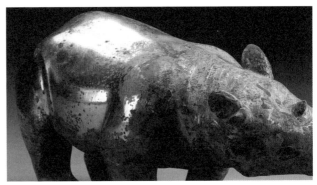

　　犀尊送走了犀牛，比血管更古老的河流，流淌在比國家更古老的土地，
過客來來往往，相視一笑，萬物有靈犀。

靈・犀

　　1963 年，陝西省興平縣吳鄉出土了一件錯金銀雲紋的青銅酒器，最吸引人們的不是這件酒器的青銅工藝或者器物的體積，而是這件酒器栩栩如生的犀牛造型。

　　這件錯金銀雲紋青銅犀尊長 58.1 厘米，高 34.1 厘米，重 13.5 公斤，現在收藏於中國國家博物館。仔細看這件器物，犀牛的體態雄壯，前腿、臀部肌肉線條流暢。它的表情專注，雙目注視着前方，彷彿帶着自身動物性的驕傲面向世人。

　　青銅的動物型酒器雖並不罕見，但由於這件尊造型的精細和真實，讓學者們不得不對它珍而重之。犀牛尊的造型準確，無論是顴骨、脊椎和關節部位都被刻畫出來，身體各個部位的肌肉紋理細緻，可以推測鑄造它的人決不會是憑空想像就能辦到。

　　在戰國時期甚至更早，犀牛與其他動物一樣生活在中國這片土地。在浙江餘姚河姆渡一個新石器遺址，考古學者就發現過犀牛的骨骼，說明犀牛

早在新石器時代便在中國境內活動。據學者的研究，這件錯金銀雲紋青銅犀尊的犀牛原型為蘇門答臘品種，這種犀牛因出沒於印尼諸多個島嶼之上，故有此名稱，而牠們在古代也活躍於中國各地。除了浙江外，長江以北的地區也曾多次發現犀牛骨頭，例如在河南安陽婦好墓出土的動物骨頭中，也有部分是犀牛骨頭。

在古代，使用動物造型作為酒器十分常見，寶雞就出土了大量以動物為造型的青銅器，而且出土的動物類型相當廣泛，例如大象、兔子、龍、魚、豬、禽鳥類、老虎等。然而犀牛算是比較罕見的一種動物酒器造型。一直以來，學者們都思考着為甚麼當時人們會使用這些動物造型作為盛載美酒的工具。學者認為在西周時期，人們不僅獵殺野生動物，而且開始圈養家畜，

西周　貘尊

西周　兔尊

西周　豬尊

255

因此對於這些動物的身體構造有一定的了解，也開始使用家養動物作為藝術創作的題材。

　　不過這個說法只能解釋當時人們為何會使用家養動物作為酒器造型。而犀牛生活在野外，且皮韌肉粗，並不是適合食用的動物，那人們獵殺犀牛到底有何目的呢？

　　有一種說法是，當時人們獵殺大型的動物，是為了使用動物的皮製作盔甲。如屈原《九歌·國殤》中有「操吳戈兮被犀甲，車錯轂兮短兵接」，可見當時人們獵殺犀牛後，使用犀牛皮作為戰士身上的皮甲。學者推測，動物形狀的酒器便是作為人們獵殺動物成功之後祭祀用的禮器。動物型的青銅酒器不只是工藝精美的藝術品，也反映了當時人們對於神靈的敬畏和信仰。

　　對於使用犀牛作為祭祀用器，還有一個說法。古代以犀牛作為鎮水之獸。據漢代揚雄的《蜀王本紀》記載：「江水為害，蜀守李冰作石犀五枚，二枚在府中，一枚在市橋下，二枚在水中，以厭水精，因曰犀牛里。」《華陽國志·蜀志》又有李冰「作石犀五頭以厭水精」的記載。這都說明，在古代人們相信犀牛能

夠鎮壓水災，是鎮水的神獸。這點或與古人以犀牛作為盛酒工具有一定關係。

犀牛的角也被認為是具有靈性之物。東晉葛洪《抱朴子》稱「得真通天犀牛角三寸以上，刻以為魚，而銜之以入水，水常為人開」，意指得到犀牛角，銜之在水中就不會被淹沒。由此可見，無論是犀牛還是牠的角都與水有關，這印證了古人相信犀牛能夠鎮水這個說法。將犀牛的角剖開，可以看到裏面有一條白線似的紋理貫通角的首尾。唐代詩人李商隱有詩云：「身無彩鳳雙飛翼，心有靈犀一點通」，比喻雙方如同靈犀角內的白線，默契相通，對彼此的心思都能心領神會。

直到今天，犀牛角仍然被認為是具有特別功效的神物，中醫以犀角為珍貴的藥材。今天貴州、湖南、廣西等地的苗族仍然有崇拜犀牛的習俗，他們會以犀牛作為自己部落的圖騰，在各種祭祀儀式中，都可以看到犀牛圖案。不過時至今日，在中國境內已經沒有野生犀牛的蹤跡，根據《瀕危野生動植物種國際貿易公約》，任何犀牛製品的交易行為都是被禁止的。關於犀牛的傳說，就留待我們在博物館內細心欣賞吧。

（連泳欣）

擊鼓說唱陶俑

唱響我人生

擊鼓說唱陶俑

館藏：中國國家博物館

質地：陶

尺寸：高 56 厘米

年代：東漢

眼睛如同彎月，笑容蓄滿一池秋水，兩顆凸出的蘋果肌彷彿熟透的冬棗，構成我可愛的面容。人們叫我說唱俑，雖然無名無姓，咱可是國家博物館裏萬人朝覲的大明星。

　　我是東漢時期四川盆地的說唱藝人，左手持鼓，右手握棒，演出即將進入高潮。我頭往前伸，後背拉成一張弓，腿部韌帶受到拉扯高高抬起，露出寬大扁平的腳底板，我正要瞬間發力，逗翻場上所有觀眾。

　　我這樣的人當時在四川非常普遍，讀書人叫我們「俳優」，就是現在的演藝圈人士，以娛樂大眾為職業，讓老百姓開心、舒服就是我們的職責。

陶俳優俑

陶俳優俑

　　我們並不像看起來那麼開心。瞧，他是我的同事。三條皺紋擠在額頭上，吐出舌頭，極盡搞怪。他運氣不太好，腦袋縮在脖子裏，患有脊椎疾病。由於營養不均衡，胳膊又細又短。我們多有與生俱來的疾病，身體與常人不同。自嘲是所有幽默中最安全、最有效的辦法。所以，我們故意呈現自己的身體缺陷，賣力表演。我想我是幸運的，我的生命遠比我的壽命長久。

　　兩千年前的一聲悶響，我和幾個夥伴遁入黑暗。直到有一天，我再次見到陽光。我最愛的小圓帽褪掉了彩色，褲子垮在腰間。兩千年斷食斷水，腹部的贅肉竟沒有半點鬆懈。哎，減肥真難。

　　成都平原依舊溫暖濕潤，地域文化強勢，與兩千年前一樣，向全國輸送美食、方言、文藝以及閒適的生活態度。《國語》記載「史不失書，矇不失誦」，這是說，寫在紙上的歷史和藝人口中敍述的歷史同等重要。漢高祖的劍、飛將軍的弓、卓文君的羅曼史都活在我們的段子裏，代代相傳，是中國人的集體記憶。

陶俳優俑

通過我被生活壓彎的脊椎，可以感知這個國家所經歷的苦難。因此，我被珍視被保管，我不再是張三、李四，我在博物館的代碼是 Y328A。我變成了符號，象徵說唱藝術。我的靈魂從未死去，它成為一個行業，一種思想，一門哲學。我是活在市井的民族精神，是高貴的隱士。你看到我開懷大笑，那是因為，我很嚴肅。

樂舞俑

歷史悠久的陶俑文化

陶俑是用陶土製作並經火燒成的用於隨葬的明器，在中國古代的喪葬禮儀中扮演着一個重要的角色，有着漫長的發展過程。

中國古人很早就有視死如生的觀念，人們相信死亡是另一個世界生活的開始，希望自己死後也能過着和生前一樣的生活。古人認為陪葬品金銀器、瓷器、陶俑等也會被帶到另一個世界繼續享用，所以就形成了厚葬的風俗。在陪葬品中就有很多陶俑，他們被製作成為僕人、侍女、軍士等形象，用來為逝者服務，所以歷朝歷代都有陶俑存世，它們成為我們了解當時社會的重要途徑。

陶俑的產生與古代活人陪葬現象有關。從春秋時期開始，人們開始用木俑代替活人陪葬，並很快發展出陶製人俑陪葬，陶俑的出現改變了人殉、人牲這種原始的陪葬觀念，是古代文明的巨大進步。陶俑相對於木俑而言，不易損壞，可塑性強，自出現後很快就被應用在越來越多的貴族墓葬中。經過春秋戰國時期的不斷發展完善，古人已經可以熟練掌握製作陶俑的技術，隨後就出現了秦始皇陵中大規模陪葬兵馬俑的壯觀現象。

東漢　陶女舞俑

五代　陶彩繪男優伶俑

漢代之後，隨着社會的穩定，經濟不斷發展，社會的廣泛需求促使陶俑的製作工藝越來越精湛，產量逐漸增加，出現了藝人、廚師、神獸等新的形象，開始向各個社會階層普及。7世紀末期，又出現了唐三彩俑，除各種各樣的人物像外，還有當時貴族們喜歡的名馬、往返絲綢之路的駱駝等，應有盡有，充分反映了唐代貴族們的生活和情趣。宋代以後陶俑向寫實風格轉變，多表現細微之處，從中可以顯示出不同時代的服飾等生活方式，並一直持續至清代。晚清時期，人們開始用木或布作俑或剪紙為人形，陶俑文化至此漸漸消失。

唐三彩胡人俑

唐三彩駱駝俑

漢代陶俑的製作

　　中國陶俑文化的歷史中最令人注目的就是漢代陶俑。在漢代不論是帝王、大臣的陵墓或是平民百姓的小墓之中都常見有用陶俑作陪葬的現象，這反映了使用陶俑作陪葬的普遍性，是當時社會特有的一種文化現象。這種廣泛使用陶俑作殉葬品的現象說明，當時的陶俑製作可以批量生產，才能滿足社會各個階層的需要。

漢陽陵陶俑

　　通過對存世漢代陶俑的觀察可知，當時的生產技術已經開始使用模製工藝，這也是漢俑大量出現的主要歷史原因。模製陶俑的製作過程為：首先，將土入水浸泡攪拌沉澱，從中選取細泥。其次，塑造出陶俑的模型，然後在模型上分部位翻範。隨後，將陶泥貼於外範，按壓成型，再經貼塑、刻畫等工藝修整成型。陶俑必需燒製才能成型，其燒成溫度要控制在 800－1000 攝氏度之間，火候的高低直接決定陶俑的質量。出窯後再施以彩繪，這是賦予陶俑逼真傳神的一道工序，原本同一模子燒成的陶俑，經過施彩後便神采各異。

漢陽陵陶俑

　　是誰製作的這些陶俑呢？通過查閱歷史記載我們可以發現，漢代設有東園匠的官職，專門製作辦理喪事所需的棺、陶俑、瓦器等，皇帝常將東園所作之器賞給臣下，以示寵愛和敬重。通過觀察大量出土的陶俑等陪葬品，可以得知民間也發展出專門製作陪葬品的行業，出現有專門製作陶俑、瓦器、漆木器、編竹器的人羣。正是這些工匠推動陶俑生產技術不斷進步，並對唐三彩的出現產生了重要影響。

漢代表演藝術

　　隨着漢代經濟文化的發展轉變，人的思想得到了解放，不再拘泥於商周時期的禮樂制度，在這樣的意識支配下，漢代的表演藝術從形式到內容都得到了空前發展。在陶俑、畫像石等文物中，很多圖像都記錄了當時的各種表演藝術，包括樂舞場面、雜技、競技及假面等等，成為我們了解漢代社會生活的重要途徑之一。

漢代舞蹈多為小型歌舞活動，其中常見的有盤鼓舞、建鼓舞、長袖折腰舞、巾舞等，一般都描繪在廳堂、庭院、樓肆、廣場及勞作的場地上。漢代的長袖舞最為流行，舞女憑藉長袖交繞飛舞，婉轉動人，表達各種複雜的思想感情。跳巾舞時，舞人手持裹有短棍的長巾，舞出各種花樣。建鼓舞的「建」字是豎立的意思，用木柱將鼓豎立起來，鼓面向人，舞者一邊擊鼓一邊舞蹈，氣勢恢宏。

長袖舞　　　　　巾舞　　　　　　　　建鼓舞

從文物圖像中可以看出，漢代樂隊有大有小、規格不一，出現獨奏、伴奏、合奏等演奏形式，在皇帝出行、祝捷獻旅、郊廟祭祀等儀式中已經出現演奏的場景。此外，發現數量最多的是天子宴樂羣臣、官吏豪紳宴請賓客用的演奏場景。漢代歌舞之風盛行，不但統治階級沉湎於歌舞享樂之中，而且王公貴族、官吏富民無不以此大行奢侈之風，室內樂和歌舞伴奏正是由此而興的。

漢代還出現雜技、幻術、俳優侏儒戲、角觝、馴獸等表演節目。雜技有倒立、跳丸、跳劍、扛鼎、旋盤、頂碗、耍罈、跟掛、蹴鞠、弄杖、履索、車技、馬技等表演。表演跳丸的藝人用雙手快速連續拋接多個丸球，也有拋接刀劍的驚險動作。履索是藝人在高空繩索上行走、倒立、翻跟頭。疊案倒立考驗表演者的膽量和平衡能力，水平高超的藝人，能在多達 12 個相疊的案几上表演倒立。兩千年前這些高難度的動作，在現在的雜技表演中依然能夠看到。

跳丸

走索

疊案倒立

在漢代表演場景中還常能見到俳優形象，他們是古代以樂舞戲謔為職業的藝人。《漢書‧霍光傳》記載：「大行在前殿，發樂府樂器，引內昌邑樂人，擊鼓歌吹作俳優倡。」由此可見，俳優的表演形式是邊擊鼓邊歌唱的，他們的表演大概也有歌有辭。另外，在漢代畫像磚樂舞百戲圖像中，常可以看到在女舞人身旁有一上身袒裸、體形粗短、形象滑稽的侏儒在旁作插科打諢式的舞蹈表演，或表演雜技。這些表演者的舞姿、雜技的動作具有滑稽、戲謔的特點，由此可見俳優還普遍兼長歌舞雜技。從漢代鬥

東漢畫像石　盤鼓舞弄丸圖

獸畫像中可以發現，鬥獸分為徒手相搏與持械相搏兩種，器械有矛、劍等，所鬥之獸有虎、牛、熊等，十分驚險刺激，具有很強的觀賞性。

由此可見，漢代表演藝術內容和形式日趨成熟，歌、樂、舞等表現形式已經達到較高水平。同時雜技、幻術、俳優、鬥獸相輔相成，共同發展進步。孕育出了後世舞蹈、戲曲、雜技等多種表演藝術形式，為後世各個藝術門類打下了良好的基礎，對我國傳統表演藝術體系的形成、發展、完善起到了重要作用。

（白煒）

銅奔馬

天馬行空

銅奔馬

館藏：甘肅省博物館

質地：青銅

尺寸：長 45 厘米、高 34.5 厘米

年代：東漢

這是一匹特立獨行的馬，超越地表的隊列，躍步踏上雲端，它與飛鳥為伍。

　　絕世之馬來自雷台，雷台是矗立在甘肅武威市區的一處夯土高台。1969年一座東漢墓葬在台下被發現。墓葬的主人是一位張姓將領，磚砌的墓室裏排列着規模壯觀的車馬儀仗。擁有一支奢華的出行車隊，是漢代豪族無論生死都競相追逐的榮耀。儀仗全部採用青銅製作，包括武士 17 人、僕從 28 人、車輿 14 輛、牛 1 頭、馬 39 匹。

甘肅武威市區東漢墓葬

　　戰馬的隊列之中，獨有一匹逸羣絕塵，迅疾如風。從各個角度觀看，這匹馬的造型都堪稱完美。身形勻稱，姿態矯健，頭部微微側傾，似乎迸發出渾身力量，卻又顯得閒庭信步。這是一匹超越凡塵的天馬，卸下鞍轡的羈絆，擺脫騎手的控御，它重歸自由。漢武帝撰文讚頌，天馬足踩浮雲，出入仙凡兩界，與飛龍一起遊戲，淌下血色的汗滴。兩漢時期，河西是騎射男兒縱橫馳騁的天堂，武威、張掖等四郡不乏水草豐沛的綠洲，既是狹路相逢的戰地，也是宛若天成的牧場。公元前 2 世紀末，為了穩定邊關、保障交通，漢王朝

僕從俑　　　　　　　　　　　　銅立馬

屢次發出向西域求取寶馬的號令。從烏孫國的西極馬到大宛國的汗血馬，漢朝皇帝將人間駿馬譽作天馬。天馬受到邀請，跨進長城，也帶領大漢的將士走出關塞。鑿空天險、開通道路，所憑藉的不惟人力，更有天馬行空的奇想，恰如徒手塑造神駒。

銅奔馬口、眼、鼻張開，塗繪朱色。鬃毛和尾絲後揚，令人彷彿聽見嘶鳴與風嘯。唯一支撐身體的馬蹄，輕輕踏在翱翔的禽鳥背上，鳥兒驚覺地回首探視，上演了戲劇般的夢幻。這是一件無與倫比的傑作。

馬兒奮起四蹄，舒展的姿態定格在一瞬間。假如時間封印解除，它將立刻消失在我們的視野。

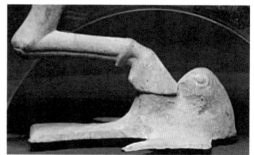

馬是地表優美的尤物，雲端輕靈的使者。天馬傲首行空，一如人類的想像神遊萬仞。即使沒有羽翅，它也能飛馳如光電，平步於天際。

雷台漢墓的遺憾

甘肅武威雷台漢墓是新中國考古學史上的一次重要發現。1969 年 10 月，當地農民在取土時發現了它。雷台是一個高 8.5 米、南北長 106 米、東西寬 60 米的夯築土台，夯層每層厚 15－20 厘米。這座台子就是以墓葬封土為基礎築造的。因此在一定程度上保護了這座墓葬避免被盜掘，即便如此，這座墓在發掘過程中還是發現了兩個盜洞，分別位於中室東壁的上部和墓道中。

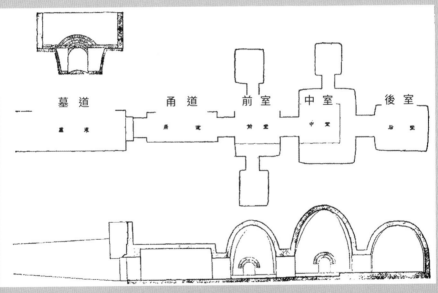

雷台漢墓平、剖面圖

從墓室內的堆積來看，這兩次盜掘都發生在下葬後不久，隨後有明顯對盜洞進行修補的痕跡。其後這座墓雖然沒有被盜得千瘡百孔，但是這兩次盜掘仍然使大量帶有重要信息的文物消失在我們的視野中，而且我們將永遠不會知道丟失的是甚麼。盜掘問題一直是考古學家們面臨的一個巨大挑戰。其

甘肅省博物館銅車馬儀仗復原展示

中最重要的原因就是盜掘一方面會掠奪大量有歷史、文化價值和重要信息的文物，另一方面它會破壞墓葬的原生環境。中國歷來講究孝道，在喪葬禮儀過程中，不同的時期會有不同的禮儀流程，也會產生不同的物質遺存。當這些物質遺存被發掘出來以後，它們為我們研究古代人類社會與文化提供了一個窗口。但是一旦這個環境被破壞，就會對我們的判斷造成困擾甚至誤導。就在這次雷台漢墓的發現過程中，在考古工作人員到達以前，部分羣眾已經將墓室內的器物搜羅帶出了墓室，也就脫離了它們特有的環境，從而使文物身上所蘊含的信息大大減少，成為此次考古發現讓人悵然的遺憾。

　　以這次發現的青銅車馬儀仗為例，由於脫離了原始的位置，雖然在數量

和質量上沒甚麼損失，但是最重要的一點，整個儀仗隊伍的排列順序完全被打亂了。現在觀眾在甘肅省博物館看到的復原的儀仗隊列，也僅僅是根據羣眾回憶進行復原的，我們無論如何也無法確定這是不是它們應有的樣子，也就無法確定這件銅奔馬是否在隊列之首，而非隊列之中。雖然根據回憶的復原基本是可靠的，但是這畢竟與真相之間蒙上了一層細細的紗幕。假如說這些器物由考古學家來提取，那麼它們在提取之前就會被詳細記錄，包括進行攝影和文字描述，最大可能地還原它們的真實面貌。

也正因為沒有按照科學的流程提取文物，雷台漢墓另一個遺憾就是墓主的明確身份至今仍然不能有確切的答案。墓內出土了能反映墓主身份的四枚銀質龜鈕印章，但是印章文字有殘損。雖然結合部分銅車馬的銘文，我們可以推測墓主是一位張姓將領，但四枚印章上面所刻的官職並不一致。漢朝有一人使用多枚印章的可能，但當時流行多人多代合葬的葬俗，讓我們不敢確定這個墓中是否只埋葬夫妻二人。又加之墓室只有兩個棺墓痕跡的信息是由羣眾憑印象提供，因而可靠性大打折扣。假使這次發現經過詳細的考古發掘，我們就可以明確四枚印章的出土位置，明確墓內的棺槨痕跡，進而確認墓內到底埋葬了幾位墓主。可惜，歷史不能假設。

正因如此，每次考古發掘時考古學家內心都懷揣着對歷史的敬畏，謹小慎微地生怕錯過任何一個歷史的細節。更重要的是，他們絕不懷着獵奇或尋寶的心態去發掘，因為每一次發掘本質上都是一次破壞，因而絕大部分考古發掘是為了配合基本經濟建設，為了挽救被盜掘的文化遺產。考古學家們深知，物質文化遺產都具有唯一性，發掘都是一次性，永遠不可能再次重複發掘過程。從這個層面上，我們可以理解不主動發掘秦始皇陵、乾陵等著名文化遺產的原因。所有人都知道這裏面藏有稀世珍寶，但同時也應該知道，它們不僅僅屬於我們這代人，而是屬於祖祖輩輩的華夏子孫。

有人說，電影是一門遺憾的藝術；而考古，則是一門遺憾的科學。考古學作為一門科學，它是具有能動性的。在一些直觀信息不夠豐富的情況下，我們仍然可以用細緻的考證、推理，儘可能地復原歷史的真相。但是，無論我們如何用心，看到的畢竟也只是真相的一部分。然而，這份對真相的執着也恰恰是考古學的魅力所在。正如著名考古學家張忠培先生所講的那樣，「一代一代的人朝着歷史的真實走去，可是，這一代一代的人只能接近歷史的真實，卻永遠摸不着它，更不能全面地認識這歷史的真實。可見她如此戲弄人，又這樣讓人迷戀！這卻使得歷史學以及其中的考古學，青春常在，永不衰老！」

（魏鎮）

中國歷史年代簡表

舊石器時代	約 170 萬年前—1 萬年前
新石器時代	約 1 萬年前—4000 年前
夏	公元前 2070 年—公元前 1600 年
商	公元前 1600 年—公元前 1046 年
西周	公元前 1046 年—公元前 771 年
春秋	公元前 770 年—公元前 476 年
戰國	公元前 475 年—公元前 221 年
秦	公元前 221 年—公元前 206 年
西漢	公元前 206 年—公元 25 年
東漢	公元 25 年—公元 220 年
三國	公元 220 年—公元 280 年
西晉	公元 265 年—公元 317 年
東晉	公元 317 年—公元 420 年
南北朝	公元 420 年—公元 589 年
隋	公元 581 年—公元 618 年
唐	公元 618 年—公元 907 年
五代	公元 907 年—公元 960 年
北宋	公元 960 年—公元 1127 年
南宋	公元 1127 年—公元 1279 年
元	公元 1206 年—公元 1368 年
明	公元 1368 年—公元 1644 年
清	公元 1616 年—公元 1911 年
中華民國	公元 1912 年—公元 1949 年
中華人民共和國	公元 1949 年成立

* 《現代漢語詞典》第六版附錄「我國歷代紀元表」

◎ 責任編輯：楊　歌
◎ 封面設計：張詠心
◎ 版式設計：張詠心
◎ 排　版：張詠心
◎ 印　務：劉漢舉

如果國寶會說話　第二季

編著｜《如果國寶會說話》節目組

出版｜中華教育
香港北角英皇道 499 號北角工業大廈 1 樓 B 室
電話：(852) 2137 2338　傳真：(852) 2713 8202
電子郵件：info@chunghwabook.com.hk
網址：http://www.chunghwabook.com.hk

發行｜香港聯合書刊物流有限公司
香港新界荃灣德士古道 220-248 號荃灣工業中心 16 樓
電話：(852) 2150 2100　傳真：(852) 2407 3062
電子郵件：info@suplogistics.com.hk

印刷｜美雅印刷製本有限公司
香港觀塘榮業街 6 號海濱工業大廈 4 字樓 A 室

版次｜2022 年 11 月第 1 版第 1 次印刷
©2022 中華教育

規格｜16 開（230mm x 155mm）

ISBN｜978-988-8759-64-4